运动员生涯发展与学习行为研究

陈 宇◎著

郑州大学出版社

图书在版编目(CIP)数据

运动员生涯发展与学习行为研究／陈宇著. — 郑州：郑州大学出版社，2023.5
(2024.6 重印)

ISBN 978-7-5645-9684-2

Ⅰ.①运…　Ⅱ.①陈…　Ⅲ.①行为科学－关系－运动员－职业选择－研究
Ⅳ.①G811.32

中国国家版本馆 CIP 数据核字(2023)第 079029 号

运动员生涯发展与学习行为研究
YUNDONGYUAN SHENGYA FAZHAN YU XUEXI XINGWEI YANJIU

策划编辑	胥丽光	封面设计	王　微
责任编辑	郜　毅	版式设计	苏永生
责任校对	胥丽光	责任监制	李瑞卿

出版发行	郑州大学出版社	地　　址	郑州市大学路 40 号(450052)
出 版 人	孙保营	网　　址	http://www.zzup.cn
经　销	全国新华书店	发行电话	0371-66966070
印　刷	廊坊市印艺阁数字科技有限公司		
开　本	787 mm×1 092 mm　1／16		
印　张	9.5	字　　数	176 千字
版　次	2023 年 5 月第 1 版	印　　次	2024 年 6 月第 2 次印刷

书　号	ISBN 978-7-5645-9684-2	定　　价	49.00 元

　　运动员的运动生涯只是运动员生涯发展的初始阶段,在运动生涯结束后运动员会经历从职业生涯到社会角色的转换。然而,我国竞技体育相对封闭、单一的培养体系,以及过度强调金牌价值观,造成对运动员文化教育的疏忽。而运动员文化知识缺失,又进一步制约了其自身全面发展。运动员文化教育问题,不仅事关运动员的自身全面发展,也事关我国竞技体育的可持续发展。

　　本书主要采用质的研究方法和文献资料法,把运动员的学习行为置于运动员生活的实然情景中去探究,对19位运动员进行观察和深度访谈,并将运动员的生涯发展规划为运动员在役期、运动员职业过渡期、运动员退役后三个阶段,从三个阶段对运动员的学习行为进行研究,探讨影响运动员学习行为的各种因素,并从运动员个人角度出发,探讨运动员学习行为对运动员生涯的影响。研究结论如下:

　　第一,运动员从事专业训练取决于家庭因素、个人因素以及自身机遇等因素;经济因素、训练保障、学业丢失是促进运动员步入专业队的外部因素,而自我实现、团队氛围是运动员坚持训练的内部动力;运动队的价值观、激励机制、训练方式影响运动员的学习态度、学习意识。

　　第二,影响运动员在役期的学习行为因素主要包括:运动队的目标决定文化学习的从属地位;教练员对运动员文化学习的看法直接影响运动员在役期的学习态度和学习实施;运动员自身学习意愿不足等。

　　第三,在役运动员的学习行为表现出三类特征:第一类是爱学习,主动学习;第二类是有良好的学习态度和意愿,偶尔学习;第三类是学习态度不好,没有掌握学习方法,不会学习。

　　第四,运动员职业过渡期学习特征表现:坚持学习的最大动力源于家庭的督促与鼓励;运动员的运动成绩是大学选拔的标准,选择学校与从事的运动项目相关;在学习行为上呈现出较大的个体差异;有学习意愿的运动员在生活环境改变后,学习行为也发生变化,进入体育院校的运动员能够较快融入学校氛围并取得良好的学习效果。

第五,就读体育院校与部分从事体育行业工作的退役运动员并不认为文化缺失对自己的学习和工作带来不良影响;持有"终身学习"理念是运动员退役后持续学习的根本动力。

著者
2023 年 2 月

目录

1

绪　论

1.1　问题的缘起

运动员是竞技体育的主体,是竞技赛场上最受关注的人群,为我国竞技体育事业做出极大的贡献。运动员训练期间,为了在"黄金年龄"达到竞技状态的最高峰,创造优异成绩,在训练中就必须付出千百倍的努力,由于在青春期花费大量的时间和精力进行训练、比赛,造成运动员的文化学习时间减少,文化学习形式不系统。此外,我国的竞技体育训练体制是以专业训练为核心内容的训练体系,对运动员的培养目标过于单一,过分注重运动成绩,忽视文化学习,造成运动员文化教育缺失,使运动员的运动生涯留有遗憾,影响运动员的全面发展。

运动员的运动生涯只是运动员生涯发展的初始阶段,运动员不是终身职业,运动员在运动生涯结束后都会经历运动员从职业生涯到社会角色的转换。计划经济时期,运动员不仅在从事运动训练期间,有着良好的物质保障基础,在退役后,也能根据国家的政策优势获得合理的退役安置。改革开放以来,我国竞技体育训练体制呈现出的单一性和封闭性,已经远远落后于社会的发展,使运动员对社会外界的现状和发展未能做出较好的预期,认识上还存在着过去等待分配的现象。在退役后面临的"二次就业"时,心理上惶恐不安,行为上表现出学习基础差,缺乏就业技能、就业能力弱的现象,极大地增加了运动员的"退役安置"难度,促使大量的运动员滞留在运动队,运动员的退役渠道不通畅。

运动员的生涯发展是运动员一生的成长与发展。关注运动员的生涯发展,是对运动员的人文关怀,强调运动员全面发展以及运动员"个人"权利和自尊的需要。运动员的运动生涯是短暂的,在"以人为本"的关照下,对运动员的关注和培养不能只强调"工具价值"的体现，即运动员在运动训练期间创造出优异的运动成绩，而应考虑运动员终其一生的发展。对运动员的培养要有长远的眼光和角度，通过现有体制体系培养出德、智、体、美全面发展的运动员，让运动员将运动生涯的经历转化成为任意社会角色的优势，而不能使运动员再就业时成为其实现职业转型的障碍。从运动员生涯发展阶段来看，运动员从在役期向过渡期转换是人生极其重要的阶段，是运动员从"体育人"向"社会人"的转变，是运动员角色转换的关键阶段。在现实层面上，需要解决的是运动员的退役安置问题，而解决退役安置困难的主要措施之一，即解决运动员的文化教育问题。

将运动员生涯发展和学习行为问题作为研究主题，还源于研究者自身的运动经历和兴趣所在。著者自5岁开始进行体育运动，专业训练后，始终贴着"体育人"的标签，从普通运动员、优秀运动员、退役运动员、体育专业学生、体育教师、业余教练、体育学院专业教师、裁判员、运动队领队，不同的体育角色身份转换，使研究者对体育有着与常人不一样的理解和热情。专业训练的经历，深刻体会到运动员对文化教育的渴求和现实存在的矛盾，正因为运动训练期间，自身文化教育的缺失，成为研究者后续学习的最大动力，在专业队训练期间，没有像常人那样进行正规的文化教育，是研究者毕生的遗憾。现今，由于工作的关系，接触到许多退役运动员，他们一方面具有强大的学习欲望，另一方面在学习能力上他们又缺乏自信心，这些原因造成他们在学习中出现畏难、逃避等状态，使研究者深感忧虑。随着年龄的增长与经验的积累，从制度层面、文化层面、实践层面对国家教育、体育的认识也不断加深，对运动员的文化教育也有些自己的见解，也深知运动员文化教育对我国体育事业发展的重要性。因此，立志深入运动员文化教育的相关研究，让研究能够落到实处，以解决运动员文化教育的后顾之忧，以人为本，促进运动员的全面发展。

在中国社会科学的传统研究中，强调群体的宏观关注，而缺乏个体的微观研究，人们较为重视问题的分析、解决以及结论后的理论升华过程，而对问题存在的描述和解释相对忽视。鉴于此，便能够理解为何关于运动员文化教育的问题有很多人在进行研究和论证，却很少有人能对运动员学习境遇和学习行为的真实现状进行深入了解和描述。带着这些问题，本研究拟以质的研究方法，从微观的角度对运动员的学习行为进行深描，提出的研究问题是：在现有的竞技体育体制下，中国运动员是在怎样的运动队环境中学习、生活、训练的？他们的学习行为有哪些特征，运动队特有文化方式对他们的学习有何影响？运动员在退役阶段是通过什么样的学习行为来弥补文化教育不足的？文化教育的缺失对运动员一生的发展有何影响？

1.2 研究意义

1.2.1 加强运动员文化教育和保障工作是体育界迫切需要解决的问题

运动员文化教育和保障工作长期困扰着全球体育界。加强保障运动员的文化教育，建立符合运动员成才规律的法规制度、管理体制，是国际体育界一直关注和重视的问题。竞技体育的特殊性，使运动员不得不占用大量的时间和精力。首先，竞技体育的竞争属性，决定了优秀运动员必须具有强烈的竞争意识，没有精湛的技艺，无法在赛场上与对手一竞高下；其次，运动成绩是获得社会地位的首要决定因素，运动成绩是运动员职业生涯所追求的最高目标；最后，运动寿命又是有限的，运动生涯也是暂时性的，如何在有限的时间内达到运动技能的顶峰，这就要求运动员必须全身心地投入运动训练。运动员从事训练的最佳时期，也是进入学校学习的最佳时期，运动员既要兼顾运动训练，又要坚持文化学习，有着文化学习与运动训练的双重任务。他们不仅要承担与普通学生一样繁重的学业任务、升学压力，还要承担作为运动员的运动训练任务，参加比赛的竞赛任务。这一切，决定了被训练对象必须兼具运动员与学生的双重角色，双重社会角色带来的双重压力，使运动员在面对运动训练与文化学习时，常常根据自身的不同需求，价值取向，调整两者的关系和比重。

每个国家都会根据自身社会的发展，调整着体育发展的战略，在不同的时期，对体育事业有着不一样的需求，表现在竞技体育上就呈现出多元的运动员培养体制。纵观世界各国，在培养运动员的过程中，都坚持以人为本的理念，培养全面发展、适应社会需要的体育人才，在有关运动员成长的政策制定、具体实施中，都强调和突出运动员是在保证正常文化学习的同时兼顾运动训练。发达国家在运动员文化教育方面都制定了有效的政策，建立了健全的管理体制和运行机制，但依然存在运动员在追求竞技冠军中迷失自我，削弱自己的学习注意力等案例。由此可见，运动员的文化教育，影响着各个国家体育运动健康、良性的发展，是国际体育界所关注的热点话题。

1.2.2 加强运动员教育和保障工作是我国现阶段体育事业发展的需要

新中国成立以后,党和国家领导人就一直关心和重视体育事业的发展。从 1951 年我国开始建立优秀运动员队伍以来,体育在推动着中国社会主义建设,并已经在政治、经济、文化等方面做出了应有的贡献。20 世纪 70 年代,国家领导人巧妙地利用乒乓球外交,建立中国人民与美国人民的友好桥梁;80 年代女排勇夺"五连冠",使全国人民争先学习女排精神。进入新世纪,北京奥运会向世界人民展示了我们执政有力的政府,和谐、兼容的中国文化,以及一个不甘落伍、自强不息、渴望与世界相互沟通、相互认同的民族形象。

我国竞技体育的突飞猛进已经改变世界的体育格局,奥林匹克的基本理念,将体育事业所发挥的作用诠释得更为丰富,国家与社会对体育事业发展的内涵,有着更高的要求。运动员作为体育事业的主力军,展现着体育人的风采,在当前我国经济转型时期,体育文化传递着正能量,社会赋予运动员更多的精神使命和文化使命。人们不仅需要运动员在赛场上叱咤风云,还需要运动员在生活中保持朝气蓬勃、锐意进取,健硕的身形、阳光的笑容、举止得体、谈吐幽默、风趣,处处都要求运动员必须要有较好的文化素养。

计划经济时期,运动员退役安置工作的保障机制,在新时代新发展阶段已经不能适应社会的变革,遇到许多瓶颈。运动员由于长时期的封闭训练,脱离社会、远离学校教育,造成文化教育的缺失。近年来,为解决运动员文化教育的问题,国家颁布了一系列的政策制度,为运动员的文化学习创造条件,使运动员在文化教育的途径、方式和学历教育方面取得了较大的进步,建立了多层次、多渠道的运动员文化教育体系。体教结合向体教融合的思想过渡,各省市针对运动员推出的就业政策和渠道,这些措施大大解决了运动员上学难的问题,使运动员获得了更多的文化教育机会,特别是获得高等教育机会。但由于历史及体制等因素的影响,并没有从根本解决运动员在文化教育和运动训练之间的矛盾,文化教育得不到很好的保障,运动员的文化素质远远不能适应社会的需要。社会已经难以容纳和接受这群文化底子不足的运动员,他们已经成为社会的"弱势群体"。这些现象的发生不但对运动员社会价值的实现造成非常不利的影响,也对我国体育事业的可持续发展造成了很大影响。

竞技体育的发展离不开对运动员人才的培养,竞技体育不仅是一个国家科学技术和综合国力的竞争,更是人才的竞争。我国金字塔形运动员培养三级结构体制,存在较高的"淘汰率",运动训练的三个层次中,塔尖的优秀运动员退役后能进入普通高校进行文化教育,但由于文化功底较差,受教育的质量往往得不到保障;而塔身和塔基的运动员,不仅在训练过程中文化教育不足,在退役后,文化教育也得不到保障。目前,塔基运动员数量大幅缩减,竞技体育后备人才短缺,严重影响竞技体育可持续发展。因此,加强运动员文化教育和保障的发展,是保持竞技体育可持续发展的必要。运动员是体育文化传播的代表,运动员叱咤赛场,一举一动,都吸引着群众的眼光,运动员素养的高低对体育文化的传播起着重要作用,其良好的文化修养可以推动体育项目的发展,促进人们参与体育运动,推动群众体育的发展。

1.2.3 培养良好的学习行为是运动员个人发展的需要

体育承载着国家强盛、民族振兴的梦想,也是促进个人的全面发展的重要手段。以人为本,重视个人全面发展,不仅是运动员自身发展的需求,也是社会寄予运动员的要求。运动训练与文化教育的现实矛盾,金牌至上的夺标主义,阻碍着运动员的文化学习,使运动员的综合能力难以得到全面发展。运动员作为主体的人,人的发展有其自身的成长规律,运动员既要有优秀的竞技能力和良好的发展潜力,又要在心智、学识、品德等方面协调发展。因此,运动员只有不间断地加强文化学习,提升自己的文化素养,退役后才能更好地融入社会,在社会上实现自身的社会价值。

如今高科技已经进入竞技体育领域的方方面面,粗放型的训练理念已经被讲究效益的精细型理念所代替,小周期、精课时、短节奏和高质量的训练方法,要求高水平运动员应当具备更高的文化素质,更强的理解、组织、归纳、应变、决策和创新等能力。"智商"已经逐步纳入各项目运动员选材指标之一,"情商"相信也会成为运动员竞技能力的评价标准。只有培养运动员良好的学习行为,提高运动员文化素质,才能使他们正确领悟教练员的意图;才能审时度势、把握时机、扬长避短;才能知己知彼百战百胜。竞技赛场已经不仅是比拼"体力",而是对运动员的"智能"要求将会更高,因此,加强运动员文化教育的研究,切实落实运动员文化教育工作,刻不容缓。

1.3　核心理论

1.3.1　生涯理论

生涯一词的英语为"career"，在《牛津英语词典》上有两层意思，一是指职业、事业；二是指生命的历程。

日语中的"生涯（しょうがい）"在《新世纪日汉词典》中有两个含义，一是，人的一生，终身，一辈子。如："幸福な生涯"幸福的一生；"生涯教育"终生教育；"生涯スポーツ"终生体育。另一个意思，一生中的某一阶段或某一时期。如："芸術家の生涯"艺术家的生涯；"スポーツ生涯"运动生涯。

汉语中"生涯"在是指从事某种活动或职业的生活。与"生涯"引申为个体所经过的途径，或一生的路途与进展。如：运动生涯、艺术生涯、教师生涯，等等。

根据以上三种语言对"生涯"的解释，英语的"生涯"具有狭义和广义之分，狭义是仅指职业、事业，广义即包含有人的生命整个过程。日语中对"生涯"的理解，更接近于广义的含义。汉语词典中的"生涯"则只有狭义之义，多理解为某"职业生涯"。

在学术领域生涯成为一个争论颇多的概念。从表1-1中学者们对"生涯"的观点分析归纳，可以推导出两个观点，一是都直接或间接地认可生涯是一个与时间相关的概念；二是生涯的主轴和主要内容是职业或职业活动。研究"生涯发展"，必须明确"生涯"概念，即明确其内涵与外延。关于"生涯"，我们可以从两个方面进行探索：一是在时间上，它是指社会个体整个一生（从生到死）的时间跨度，是一个时间概念；二是在内容上，它是指社会个体一生中所处的文化环境（尤其是成长期所接受的文化或亚文化）、所接受的教育或培训、所从事的职业或工作、职位的升降、生活的顺境或逆境、事业或家庭的兴衰荣辱，以及与上述关系密切的人际交往关系、角色等的总和。[①]

---

① 南海,李金碧.什么是生涯:对"生涯"概念的认知[J].中国职业教育,2006(33):16-18.

表1-1 生涯的定义

学者	生涯的定义
沙特尔（Shartle,1952）	生涯是指一个人在工作生活中所经历的职业或职位的总称
舒伯（Super,1957）	一个人终生经历的所有职位的整个历程
麦克弗兰德 （McFarland,1969）	生涯指一个人依据心中的长期目标所形成的一系列工作选择，以及相关的教育或训练活动，是有计划的职业发展历程
霍德和班那兹 （Hood & Banathy,1972）	生涯包括个人对工作世界职业的选择与发展，对非职业性或休闲活动的选择与追求，以及在社交活动中参与的满足感
霍尔（Hall,1976）	是指人终其一生，伴随工作或职业的有关经验与活动
舒伯（Super,1976）	生涯是生活中各种事件的演进方向和历程，它统合了人一生中的各种职业和生活角色，由此表现出个人独特的自我发展形态。生涯也是人自青春期后至退休后，一连串有酬或无酬职位的总和，除了职业之外，还包括任何与工作有关的角色，如学生、退休者，甚至包含了家庭和公民的角色
张小凤（台湾,1989）	生涯是指一个人他所有的教育背景、工作情况，甚至家庭，还有他的生活角色，各种经验的整合
沈之菲	生涯可以理解成介于生命与职业之间的概念，它的外延并未达到与生命等同，但也未小到与职业等义，其内容是比较宽泛的，具有丰富的内涵与特性。

资料来源：南海，李金碧.什么是生涯：对"生涯"概念的认知[J].中国职业教育,2006(33):16-18.（有增删）

1.3.2 生涯发展阶段理论

舒伯（Super）是生涯发展理论具有代表性的研究者,1957年他提出职业生涯发展的五阶段理论,他认为人的职业选择不是一次完成的,而是随着环境以及个人的成长而不断动态地发展变化的。他将人的职业生涯发展分成：成长阶段、探索阶段、建立阶段、维持阶段和衰退阶段,并提出各个阶段的生涯发展特点[①]。舒伯同时对成长阶段、探索阶段和建立阶段进行了详细的研究,并提出了每个时期的发展特点。（表1-2）

---

① 张洪烈.舒伯生涯发展论的评析及应用[J].云南财经大学学报.2010(4):154-156.

表1-2 舒伯的生涯发展五阶段理论

主阶段	主要任务	阶段时期	年龄	时期特点
成长阶段 0~14岁	认同并建立起自我概念,及其相关的能力、态度、兴趣和需求,并逐步有意识地培养职业能力。	幻想期	10岁之前	在幻想中扮演自己喜欢的角色
		兴趣期	11~12岁	以兴趣为主,理解、评价职业
		能力期	13~14岁	开始考虑自身条件与喜爱职业是否相符,有意识地进行能力培养
探索阶段 15~24岁	对自己和社会进一步加深了解,通过学校学习和实践获得更多相关的知识和信息,进行自我检视、角色尝试、学校中的职业探索,形成自我概念和职业概念,完成择业及初步就业。	试验期	15~17岁	综合考虑自己的兴趣、需求、能力、价值与机会,对未来职业进行尝试性选择
		转变期	18~21岁	进入职业或者选择职业培训,明确某种职业倾向
		初步尝试	22~24岁	选定工作领域,开始从事谋职,选择可能提供重要机会的职业,对职业发展目标可行性进行实验
建立阶段 25~44岁	通过尝试经验,获取一个合适的工作领域,并根据自己的工作经验谋求发展。	尝试期	25~30岁	原本以为合适的职业,可能发现不太满意,于是会有一些改变,此阶段的尝试是寻求职业及生活上的稳定
		稳定期发展期	31~44岁	工作生活稳定下来并谋取一个稳定的职位,致力于实现职业目标
维持阶段 45~64岁	不断调整、开发新的技能,维护已获得的成就和社会地位,维持家庭和工作二者之间的和谐关系,并继续把工作做好			
衰退阶段 65岁以上	由于体力和心理能力逐渐衰退,逐步退出职业和结束职业,减少工作中的权利和责任,适应退休后的生活。			

资料来源:根据张洪烈(2010)①、杜映梅(2007)②、彭小虎(2003)③等相关资料整理。

　　舒伯后期的研究理论认为,不仅应该关注个体职业之外的角色需求,同时也应该关注个体发展过程中职业前和职业后的阶段。也就是说,"生涯"不仅指一个人一生的职业,也包括他所面临的各种各样的社会角色,生涯所注重的不仅是一个人的职业价值,更

---

① 张洪烈.舒伯生涯发展论的评析及应用[J].云南财经大学学报,2010(4):154-156.
② 杜映梅.职业生涯管理[M].北京:中国发展出版社,2007(8):17-18.
③ 彭小虎.社会变迁中的小学教师生涯发展[D].上海:华东师范大学,2003:25-27.

加注重人作为"个体的人"的生存和发展价值,更加重视人的生命意义。舒伯同时提出了一个更为广阔的——生活广度、生活空间的生涯发展观。用生涯彩虹图更好地诠释了生涯的含义,形象地展现了生涯发展的时空关系。① 他提出人们可以在不同空间扮演着不同的角色,在生命的不同阶段中,人们生理上、心理上以及社会经济中的各种因素决定了个人生涯的发展。他认为每个人一生中都扮演许多的角色,就像彩虹同时有好几个色带,这些角色包括孩童、学生、父母、休闲者、工作者、公民、持家者、配偶、退休者等等,而这九个角色主要在家庭、社区、学校和工作场所四个人生舞台上扮演。一个人在一生中扮演不同的角色,而每一个阶段都有可能同时扮演几个角色,彼此有所重叠,不同角色的相互影响交织成个人独特的生涯。

根据舒伯的生涯发展理论诠释,对运动员生涯发展的研究不仅是帮助运动员实现职业生涯角色的各种良性转换,而且是使运动员培养逐渐摆脱狭隘的进行人与职业的转换组合,继而重视运动员融入个体的自我发展进程和角色发展进程中,直至扩展到终身发展的领域与范围。同时强调在对运动员进行职业转换过渡期的培训过程中,帮助运动员进行生涯规划和生涯管理,就是要帮助运动员进行良好、合理的人生规划和准备好生涯的每一个阶段,认识这些阶段以及这些阶段可能遇到的问题,正确面对现实和处理矛盾,充分实现运动员自己的人生价值。

本书所研究的"运动员生涯发展",即有别于"运动生涯"又有别于"运动员的职业生涯"。"运动生涯"是指运动员开始有规律地进行运动训练,到停止仅以运动员身份参与训练和比赛为止的一段经历,具有阶段性的特点。"运动员的职业生涯"是指有过运动员职业经历的人,从进入职业角色前的训练和学习开始,到职业劳动最终结束,离开岗位为止。② 运动员的职业生涯关注的是运动员职业角色的转变,包括运动员职业角色转变后,个人一生中所从事的职业经历或历程,关注的时间终止于职业完全结束或退出职业工作。

而"运动员生涯发展"是建立在广义的"生涯发展"观点之中,它包含运动员人生中的所有生活事件,它整合个人一生中所有生活层面的整体发展,即由个人心理、社会、教育、经济和机会等因素综合形成个人终其一生的发展性生涯历程。相较于"运动员的职业生涯"不仅关注运动员终其一生的职业历程,还包含有运动员生涯"大周期"中,职业角色以外的学生、休闲者、公民、夫妻、家长、父母与退休者等角色。在对运动员生涯发展研

---

① 张洪烈.舒伯生涯发展论的评析及应用[J].云南财经大学学报,2010(4):154-156.
② 李强.我国乒乓球运动员职业生涯发展与规划研究[D].北京:北京体育大学,2007.

究中,还特别关注"运动生涯"对运动员生涯发展的影响。

本研究依据生涯理论及国家相关政策、文件和研究的主要内容,从时间维度的角度把运动员的生涯发展规划为运动生涯阶段、运动员职业转换过渡阶段、退役后生涯阶段三个阶段,以此进行研究。

1.4 核心概念界定

1.4.1 运动员

运动员泛指参加竞技体育竞赛的人。本文所研究的运动员是指按照国家有关规定正式进入国家或各省区市及计划单列市优秀运动队参加运动训练和竞赛,享受国家体育津贴奖金制的在役运动员,即国家队和各省区市体工队(运动技术学院)正式在编的运动员,也包括高等专业体育院校培养的运动员,他们同时享有国家体育津贴。

1.4.2 运动员学生

随着竞技体育发展而出现的新名词,学界尚未定义。一般是指,第一身份是专业运动员学生,在训练的同时又取得学校学籍的学生。他们从小被选进专业队,进行系统的运动训练,运动成绩突出,文化学习不系统,学习过程有长期的间断或连续性较差,实际文化程度与普通在校学生相比有较大的差距。退役运动员学生,在继续未完成的学业时,根据学校的规定和自身的意愿,在继续就学时,可以继续以"优秀运动员"身份完成学业;还可以完全与普通学生一样,修完后面的学业。退役运动员学生和现役运动员学生的区别在于前者是结束专业运动生涯后去上学,后者是指在专业队期间即取得的学生身份者。根据他们学习、训练、管理情况,现役运动员学生还可以细分为以下四种类型:①仅取得大学学籍,但并非真正意义上的大学学习。②获得大学学籍,其训练、学习、生活、管理都在运动队,由大学教师到运动队授课。③其训练、生活、管理等在运动队,每年根据学校规定,集中1~3个月到学校校园进行文化学习。学校根据运动员训练、竞赛、学习的特点,统一安排学生就读某一个专业,课程设置也与普通学生有别。④具有专业运动员身份,但其训练、学习、生活、管理等都在大学进行。如全国各高等专业体育院校培养的高水平运动员,他们既享受国家体育津贴奖金制,又在高校里进行训练和文化学习。这类运动员学生已经和学生运动员没有多大区别。

本文所研究的退役运动员学生,学习身份上还存在着三种情况:第一种情况是在完全退役后,(已经办理退役手续的运动员)开始进入大学学习;第二种情况是在运动员职业转换过渡阶段(即已经停止训练,但还未办理退役手续的运动员),开始进入大学学习;第三种情况在役时期即取得学生身份,在退役时学分未修够,学业还未完成,退役后继续完成学业。

1.4.3 学生运动员

随着学校体育发展而出现的新名词,学界尚未定义。一般是指,第一身份是普通学校有学籍的学生,同时又参加训练竞赛的运动员。他们首先是学生,其次才是运动员。学生运动员的基本特征是,他们在学校期间不间断地进行系统的文化学习,而且能达到所在学校对学生在学业上的基本要求。此类学生运动员不在本文研究之列。

1.4.4 退役运动员

退役运动员是指运动员由于年龄、伤病、运动成绩等种种因素而停止训练,从而结束运动生涯的运动员。本文根据退役运动员退役过程,把退役运动员分为:运动职业转换过渡阶段和退役后阶段。参照国家体育总局文件,运动员职业转换过渡期是指运动员从停训到办理退役手续、解除聘用合同之间的时期,这时期一般不超过一年。但实际情况通常在1~3年。过渡期是运动员所在体育训练单位为运动员实施职业辅导的重要阶段,是运动员进行再就业或参加文化学习进行继续教育准备的关键时期。退役后阶段是指运动员停止体育专项技术训练,并办理退役手续,完全退出运动队,或通过进入高校学习、参加职业招聘或自主创业,等等,转换运动员角色进入新的社会环境中成为社会普通一员的阶段。退役后阶段包含运动员转变为普通社会成员后一生中所从事的各种职业与所扮演的各种生活角色的有机整合。

1.4.5　学习行为

学习行为是指学习过程和活动,包含着由学习动机到实现学习目标这一过程的行为活动,是学生和环境相互作用的产物和表现。本文从运动员的学习环境、学习态度、学习方法和学习效果来探讨运动员的学习行为。

1.5　研究综述

运动员文化教育是学术界研究的一个热点话题,对这一问题研究的重点是如何遵循体育规律和教育规律解决好运动员运动训练和文化学习的矛盾,以适应竞技体育自身发展和社会实践的需要。运动员文化教育问题的凸显,源起于我国经济体制的转变,市场经济对人才的要求逐步提高,只有运动经历,没有专业基础知识背景的运动员在退役后的就业、就学中遇到许多难以解决的障碍,运动员的选才、退役渠道越来越不顺畅,严重影响我国竞技体育后备人才的发展。运动员的文化教育问题被提出议程,国内学者及专家自觉开始对运动员与文化教育的关系进行探讨。学者们从社会学、经济学、管理学、人类学、法学、训练学等视角对运动员文化教育进行研究,取得了相当有价值的研究成果。

1.5.1　运动员群体的特征

论述运动员的文化教育,要先认识运动员群体的特殊性,不同学者从不同的视角切入,对运动员群体进行了全面的研究。

现代竞技运动呈现早期专门化的趋势,以及我国特有的竞技体育体制,使运动员成为文化基础先天不足的一个群体;运动员为夺取优异成绩,要承受比同龄人更大的生理、心理负荷,可用于文化学习的时间、精力与同龄人相差较大;不同运动项目、技术水平和年龄阶段的高水平运动员学习状况、文化教育程度个体差异十分显著。运动员是竞技体育的主体,是竞技文化的创造者,也是人类基本价值观念的负载者。运动员具有较同龄人更强的主体意识和竞争性,他们的社会需求具有多层次性和多样性,他们追求的功利有国家的、社会的,也有家庭的、个人的,有物质的,也有精神的;他们具有创造意识、挑战意识和攻击意识,心理指向比较积极;他们的文化程度偏低,但生活阅历和经验较同龄人丰富。

生理活动规律决定了运动员最佳创造年龄区段的暂时性,运动员保持高水平的年龄是有限的,一般在其青少年阶段就走完了其职业生涯路程。竞技体育后备人才是指有一定运动潜能的青少年运动员,具有基本的自然属性和社会的属性,同时,又有其自身的特性,表现在运动员天赋的潜在性、运动年龄的时效性、运动人口的稀缺性。

竞技体育人才呈现出五个特点:①职业寿命具有明显的时效性;②强烈的求胜欲望。运动员所做的一切努力和工作,都是为了争取在比赛中超越自我和超越对手,取得运动比赛的胜利,因此显示出强烈的求胜欲望。③团队意识极强。④极高的敬业精神。⑤突出的专业特色。

学者们对运动员群体特征的研究,所得出的结论虽然不尽相同,但对运动员群体的特征有以下相同的认识。

第一,运动员是竞技体育的主体,是我国体育事业发展的主力军。

第二,竞技体育的竞争属性决定了运动员具有强烈的竞争性,他们富于挑战、永不言败。

第三,由于受人体生理结构规律的影响,运动员的运动寿命是有限的,运动生涯是暂时性的,运动员职业具有时效性的特征。

第四,运动员从事训练的最佳时期,也是进入学校学习的最佳时期,运动员既要兼顾运动训练,又要坚持文化学习,两者矛盾,使运动员逐渐成为文化基础不足的一个群体。

1.5.2 运动员文化教育的意义

运动员文化教育是困扰全球的一个难题,更是影响运动员全面发展的核心问题。加强运动员文化教育,是坚持以人为本,促进竞技体育可持续发展的必然要求,是加强运动员人才队伍建设,促进运动员人才资源深层次开发的重要途径。

深入实施科教兴国战略必须坚持科技创新和制度创新。"科教兴体"则是体育事业的发展切实转移到依靠科技进步,提高体育队伍素质和创新当前"举国体制"的轨道上来,是保证我国体育事业持续、快速、健康发展的必然选择。运动员和教练员是我国体育事业发展的主体,全面提高运动员、教练员的素质,落实运动员的文化教育是"科教兴体"的基本任务,关系到"科教兴体"的战略实施。

运动员文化教育关系到我国体育事业健康稳步的发展,运动员文化教育直接影响运动训练的质量和效果,提高运动员文化素质是竞技体育现实发展的需要。加强运动员文化教育,提高运动员综合素质可以为运动员的就业创造条件,使体育事业的发展有源源不断的人才支持。

一个国家在国际上的竞争,实质就是高素质人才的竞争,国家越重视教育发展,其国家文明的程度和综合竞争力就越强。受教育权利在现代社会已经成为一项普遍的法定权利,运动员也应该有享受教育的权利。优秀运动员的文化教育缺失,首先违背了现代社会对人的全面发展的要求,不仅给社会就业带来了压力,还违背了训练规律的要求,影响了我国竞技体育的可持续发展。

义务教育是我国《义务教育法》规定的,由政府负责教育费用,学生必须完成法定上学年限的教育。运动员同样是国家义务教育的适龄儿童,应该与同龄儿童享受义务教育的权利。然而,与辉煌运动成绩形成巨大反差的是,我国运动员的文化教育水平却明显处于一种跛足地位,运动员义务教育的覆盖率、实施条件和实施过程与质量远远低于同年龄的一般学生,从而使得其文化课教育一开始就输在起跑线上,因此,运动员必须通过进行优质的文化教育,形成良好的世界观,才能促使自己得到全面、均衡的发展。

应树立公共体育服务的指导思想,把维护大众利益作为工作的出发点和落脚点,为基本公共服务的均等化提供构建体育新制度的基础保障,使培养竞技运动后备人才的业余训练在普惠、公平的框架内形成可持续发展的生命力。将体育行业的高水平竞技运动训练资源与普通学校的正规教学资源相整合,使运动员能够享受两个行业的优质资源,并提出"分享运动",使更多的青少年能够享受体育资源,渐渐脱离行业控制的业余训练"底部"逐步进入国民的公共服务领域,特别在关系青少儿体育可持续发展的竞技运动能力的训练和比赛方面惠及更多人群。

从文献中对运动员文化教育意义研究来看,达成了以下共识:

第一,从国家体育事业发展的讲,运动员文化教育关系到竞技体育可持续发展,关系到竞技体育后备人才培养体制的改革与完善。与建设"体育强国"实施"科教兴体"的战略密不可分。

第二,从竞技体育角度来讲,现今竞技体育的竞争是科技的竞争,不断提高的竞技水平要求运动员具备较高的文化素质,只是体力、体能的竞争,早已不适应现代竞赛的水准。

第三,从义务教育法的角度来讲,运动员文化教育关系到我国义务教育实施,关系到运动员享受义务教育的基本权利,不能以任何借口、形式、目的,剥夺运动员接受文化教育的权利。

第四,从人的主体出发,以人的全面发展角度诠释运动员也是作为主体的人,人的发展有其自身的成长规律,不能违背规律进行单一培养,单项拔高。运动员既要有优秀的竞技能力和良好的发展潜力,又要在心智、学识、品德等方面协调发展。不能仅要求运动员通过专业训练取得好的竞赛成绩,更需要他们在将来不再从事竞技体育活动时,能更好地融入社会,在社会上实现其综合价值。

1.5.3 从"体教结合"走向"体教融合"

1.5.3.1 "体教结合"的起源与发展

传统观点认为,体育(physical education)是教育(education)的一个组成部分。把体育(sport)与教育作为平级概念提出的"体教结合"。"体教结合"的提法起源于 20 世纪 80 年代,它的产生有其特定的历史背景。新中国成立后,由于国家刚刚建立新政权,在百废待兴的特殊时期,国家急需运用体育的政治功能,向世界宣布中华人民共和国的成立和崛起。因此,在短时期内,为了使我国的运动成绩大幅提高,在国际比赛中争金夺银,逐渐形成了由运动训练系统单独培养运动员而成立的国家体委,这与教育部相并列的为国家单独拨款的行政部门,建立了竞技运动训练的训练体制。

20 世纪 60 年代,各省市沿用模拟军队体制,建立体工大队为主的培养机制。然而,由于体育行政部门单独、封闭的办学体制,使运动员的进口和出口两个渠道均不同程度出现问题。竞技体育后备人才大幅度萎缩,运动员退役后就学、就业出现许多障碍,体育部门单独培养的运动员已经不适宜社会的发展。提出"体教结合"的最初目的是要尽快解决运动员文化教育问题。随着体育和教育改革的不断深入,"体教结合"逐渐涉及竞技体育人才培养体制的改革,由"一条龙"培养变为"多元化"培养的问题。

1.5.3.2 体教结合的概念与内涵

随着体育内涵的不断扩大,对体教结合的认识不断加深,学者们赋予体教结合的内涵也越来越丰富。起初,体教结合只是为了解决运动员文化教育缺失的问题,继而延升到竞技体育后备人才培养、竞技体育体制改革的问题。

体教结合的价值与意义在于培养全面发展的竞技体育优秀后备人才。体育需要教育,教育也需要体育。体教结合有利于体育与教育两个部门通过优势互补,发挥最大效益,实现义务共尽,成果共享。体教结合既需遵循体育训练规律,保证系统的业余训练,又需遵循教育规律,保证学生系统的文化教育。

制定体教结合政策的主要依据是马克思主义关于人的全面发展理论。体育与教育本质上有着内在的、规律性联系,体育是教育的一部分,是教育的下位概念,无所谓两者的结合问题。体教结合是竞技体育人才与文化教育的结合,不只是体育部门的事情,也是教育部门应该要关注的问题,既是让体育回归教育本质,也为体育培养后备人才,需把"体教结合"从竞技体育角度衍生到学校体育的角度。

体教结合其本质就是什么样的价值、体制的主导下,对具有运动天赋的潜人才进行专门化训练的问题,是一个牵动体制改革全局宏观的战略问题。体育本身就是教育的组成部分,离开了体育,教育就谈不上培养全面发展的人。运动训练是体育的手段之一,是培养全面发展的人的重要途径。论"体教结合"不能忽略运动训练过程本身就是教育过程,塑造着被训练者的体育精神、道德品质。"体教结合"并非指体育与教育的结合,而是特指我国高水平运动员培养过程中体育管理部门和教育管理部门的结合、运动员运动训练与文化学习的结合。"体教"的矛盾不是体育与教育的矛盾,而是高水平运动员培养过程中运动训练与文化课教学的矛盾。

从上述文献中,对"体教结合"的认识有以下几点:

第一,谈体教结合,首先要理清楚"体"与"教"的关系,各自的属性。从认识层次看,不同的切入视角,体教结合所体现出的"体"与"教"的结合面、结合点,各不相同。

第二,"体教结合"既要遵循体育训练规律,保证系统的业余训练,又遵循教育规律,保证学生系统的文化教育。

第三,就其目标来讲,是坚持以人为本,在体育系统和教育系统内培养我国竞技体育后备人才,实现竞技体育人才全面、可持续的发展。

可见,"体教结合"的讨论始终还停留在体育部门和教育部门协同合作如何培养竞技体育后备人才的问题,如何解决运动员文化教育的问题,对通过运动训练如何促进青少年全面健康发展的认识还略有不足。

1.5.3.3 体教结合与教体结合的争论

教体结合的提出,源于1995年原国家教委下发的《关于部分普通高等院校试办高水平运动队的通知》。通知中明确提出"切实加强教体结合","要以普通高等学校为龙头,逐步完善大、中、小学相衔接的优秀体育人才培养机制"。"教体结合"培养模式主张以学校为培养基础,以教育部门为主体培养高水平学生运动员的竞技体育后备人才培养模式。

从体教结合与教体结合的概念,对其两者的本质差异进行了较为深刻的辨析。认为以体育系统为主,通过体工队培养的体教结合模式;和以教育系统为主,通过学校课余训练培养的教体结合模式,实质是两种完全不同的竞技体育后备人才的培养体制,是牵动中国体育体制与中国教育体制改革的战略性问题。利用教育系统建立新型的竞技体育人才培养体制是大势所趋,在教育系统打造一条新的竞技体育人才培养之路,依靠学校体育广泛的体育活动和各种形式的课余训练活动,实现普适教育中竞技体育人才培养,是解决目前困境和实现中国竞技体育人才可持续发展的途径。

"教体结合"是在"体教结合""学校运动队""社会力量办学""三位一体"等多种竞技体育后备人才培养机制的实践基础上提出来的,目标在于改变我国竞技体育后备人才培养的非自然途径,让体育回归教育的本原,建立以教育系统为主,通过学校课余训练培养竞技体育后备人才的机制。"教体"和"体教"绝非仅仅是词序的颠倒,其内涵发生了实质性的变化:①主体地位的变化。②体育归属于教育。③教体结合是与世界接轨的全新机制。并仔细分析二者提出的时代背景及内涵,论述两者在培养主体身份,出发点,培养目标,运行机制以及具体管理中存在着本质差异。

综上所述,不管是"体教结合"还是"教体结合",在概念的范畴、培养目标、培养理念上都是一致的,都是在体育系统和教育系统内培养我国竞技体育后备人才,都是希望实现竞技体育人才全面、可持续的发展。把两者割裂,是教育系统和体育系统站在各自不同的角度、在现有的既得利益下,对待同一事物的不同看法而已。已有研究中,所提出的两者在培养对象、训练方式上的差异,也不过是体教结合模式中,所表现的不同形式而已。是"以训为主"的"体教结合",还是"以教为主"的"教体结合"。是在不同的部门和单位、不同的历史阶段,有不同的工作目标和价值取向问题。因此,人为的提出以体为主或者以教为主,更加不利于两者的"结合",这种提法,实质是给两个系统协调合作增加了绊脚石,将"结合"问题,人为阻碍,进行"分离"。

1.5.3.4 体教融合的提出与推进

2020年9月,由国家体育总局和教育部联合印发的《关于深化体教融合促进青少年健康发展的意见》(以下简称《意见》),目的是为落实健康中国战略、加强体育强国建设,推动青少年文化学习和体育锻炼协调发展,促进青少年健康成长。意见的推出标志着推动了近40年的体教结合向具有中国特色体教融合发展。《意见》提出,要加强学校体育工作,树立健康第一的教育理念;要完善青少年体育赛事体系,教育、体育部门为在校学生的运动水平等级认证制定统一标准并共同评定;要加强体育传统特色学校和高校高水平运动队建设,整合传统校和特色校,合理规划、联合建设高水平运动队;要深化体校改革,规范体育社会组织等。《意见》彻底改变了我们以往对体教结合只解决竞技体育文化教育问题的片面性认识,是当前体育工作的新方向,把体教融合上升到新高度、新层面。《意见》确立了将竞技训练融入学校体育活动中,通过改革和完善竞技体育人才的培养模式,共同促进全体青少年健康成长的目标。

随后,中共中央办公厅国务院办公厅印发了《关于全面加强和改进新时代学校体育工作的意见》,这份意见是从学校体育工作的角度,对体教融合政策的具体部署,进一步完善了学校体育政策体系的架构,确定了学校体育在整个教育中的地位、作用和价值,回应了学校体育要帮助全体学生在体育锻炼中获得"享受乐趣、增强体质、健全人格、锤炼意志"的"四位一体"的目标。

一系列政策的推出,为推动体教融合打下坚实的支持保障。学界也开始对"体教融合"的教育理念和实践路径热切探讨;在理念方面主要从体教融合政策解决的根本问题谈起,即"体教分离"的历史根源与"体育回归教育"的理念探索,到教育发展视野下体教融合的哲理追问,即形塑全人的教育逻辑。[①] 新时代体教融合的提出,是体育回归教育的现实选择和必然归宿,是对体育功能的多元认识,运动中磨炼意志、竞赛中体验挫败教育,发扬斗争精神是人们对学校体育新赋予的功能和内涵。体教融合是体教思想观念的融合、竞技体育后备人才培养的融合、体育竞赛体系的融合、学校、家庭、社会"三位一体"的融合、奥林匹克教育的融合。深刻认识到只有推动青少年文化学习和体育锻炼协调发展,统筹处理好体教融合过程中普及与提高、锻炼与训练、特长与专业的关系,凝练体教融合的多元化案例,才能实现体育后备人才的可持续发展,开创新时代青少年体育工作的新格局。

1.5.4　运动员文化教育与运动训练的矛盾分析

社会学流动的角度认为运动员的职业生涯包含三个层次:非运动员到运动员的过渡、普通运动员到优秀运动员的转变、运动员退役到新职业之间的转换,明确诠释了运动员的运动成绩是获得社会地位的首要决定因素,运动员利用这样的成绩资本,来改善运动员转换职业后的社会地位。这也凸显了运动员训练与文化教育矛盾的根源,运动员在役期,文化教育的积累与运动成绩相关度不高,运动员追求个人成就和经济利益,在役时

---

① 刘波,王松,陈颀,等.当前体教融合的研究动态与未来展望[J].北京体育大学学报,2021,44(1):10–17.

期将全部精力都投入运动训练,对文化教育不重视也是现实环境所造成的。在计划经济时代,文化教育在运动员退役后的作用不明显,但随着知识改变命运,教育改变人生的社会,教育作用越来越重要。

我国实行由体育系统自办运动员文化教育的体制,这个体制脱离了教育大环境,在不完善的教育环境下对优秀运动员这个特殊群体进行着不完善的特殊教育,是运动员文化教育出现问题的根本原因。其矛盾实质在于文化教育与运动训练两个目标和规律不能有机结合,各自强调自己的目标与规律。而解决运动员文化教育问题的实质,是在新的社会条件下,有效解决社会对优秀运动员文化素质要求普遍提高与落后的运动员文化教育现实体制之间的矛盾。

运动员的文化学习与运动训练是一对矛盾。运动员既要作为普通青少年完成这一年龄阶段的学习任务,又要作为运动员完成高强度的训练比赛任务。双重社会角色带来的双重压力,构成了这一群体特有的基本矛盾。这种角色的冲突及压力由于当代竞技运动水平的迅速提高而更为突出:一方面,由于竞技运动沿着其自身"更快、更高、更强"规律发展,运动成绩越来越高,训练目标也相应不断提高,运动员需要投入越来越多的时间和精力才能在竞技场取得一席之地。另一方面,社会发展进入"知识经济"时代,运动员必须掌握更多更新的知识才有可能在退役后重新就业,继续发展。学生与运动员的双重身份,学习与训练的双重压力,构成一个国家训练体制中人才培养的基本矛盾。

我国的竞技体育主要采取政府直接投资与管理的相对集中的训练体制,在这种体制下,由于训练的特殊和比赛的频繁及目标的高效,使得正处在各学龄期运动员的训练和学习的矛盾较为突出,运动员的文化教育容易出现"边缘化",从而导致运动员的发展不够全面。

体育系统并不想通过"体教结合"这一培养机制取代原有的高水平运动员培养模式,仍然把传统的竞技体育后备人才培养模式作为基石,希望将高校培养高水平运动员纳入原有训练体系之中,把与教育的结合视为运动员保障体系的"退出机制"之一。而教育部门没有"为国争光"的目标要求,没有对学训结合的规律,适应学校化的竞赛体系、选拔输送机制和保障体制进行制度设计,没能着力构建适合我国实际的"教体结合"的竞训模式。虽然国家体育总局和教育部出台了一系列的政策和制度来保障和加强运动员文化教育工作,但都没有真正解决竞技体育是否能全面、协调、可持续发展的关键问题和基础问题,即"学训矛盾",因为影响运动员文化学习的主要因素是时间和精力。

以上研究中分析,运动员文化教育的主要矛盾是运动训练与文化学习之间的矛盾。

形成这些矛盾的原因,有以下几点:

第一,在认识层面上,体现出对运动训练与文化教育的关系认识不足,还没有充分认识到两者之间是相辅相成,相得益彰,并不矛盾的关系。当前,竞技体育所展现出的科技含量越来越高,教练员、运动员的文化素质也越来越重要,一个学习能力不强、学习素养不高的运动员,想必也难以到达竞技赛场的顶峰。

第二,在制度上,受我国政治、经济、历史等影响形成的现有体育制度,决定了运动员培养以体育部门为主、教育部门协助的现实状态,在我国现有的社会背景下,短时期内这一制度将不会有重大变革。两个部门不同的目标,不同的职能,所履行的职责也不同,对竞技体育所诠释的价值理念也各不相同,因此在合作、协助、分工上出现不协调的状态也在所难免。

第三,在管理上,我国竞技体育体制长期存在着独立、封闭的管理体系,在提高运动员竞技水平方面探索了许多有益的管理模式,但在培养运动员文化教育,全面育人方面则显得底气不足。因此,改革和完善现有的竞技体育体制,加强运动员文化教育,促进竞技体育后备人才的可持续发展,是当前体育工作亟待解决的问题。

第四,在训练特征上,一是,竞技体育的时效性,决定了被训练对象必须兼具运动员与学生的双重角色,双重社会角色带来的双重压力,使运动员在运动训练与文化学习之间,必须根据自身的不同需求,调整两者的关系和比重。运动员的运动训练与文化教育是不冲突、不矛盾的,矛盾只是体现在两者花费的时间和认识上。二是,运动员的运动成绩是获得社会地位的首要决定因素,运动成绩是运动员职业生涯所追求的最高目标,因此,全身心地投入运动训练,而忽视其他是不可避免的。

就目前现实看,一是要清楚现有体育制度还将会持续一个时期,因此我们只有不断的完善和改革竞技体育体制,建立更加合理、协调,有利于运动员全面发展的管理体制和运行机制;二是要正确认识运动员的运动训练与文化学习的关系,要正确对待两者之间,在不同时期、不同价值取向时,所表现出不同的取舍,并合理利用文化教育提高运动员的运动训练。

1.5.5 运动员职业生涯发展研究

职业生涯理论起源于美国,美国对运动员的职业生涯研究开始也较早。20 世纪 70年代末,美国就有人开始从个人发展的角度对运动员的职业生涯问题进行了研究。研究早期认为,运动员退役后转型失败是由于学生运动员缺乏对现实生活的展望,退役并不是运动员角色的终止,运动员在退役后,如果利用运动专长将精力放在追求学识或参与其他社会活动并做出贡献,会使他们在退役后没有任何不适应感或失落感。因此发现,相对于非运动员,运动员的职业生涯设计不明晰、不具体。并指出,对大多数运动员而言,最具挑战性的职业生涯转变就是从运动员变为非运动员。因此,运动员职业生涯规划研究逐步受到关注。学者们一致认为,运动员的成长是一个长期、复杂的过程,在研究中要重视整体环境在运动员成长中的作用,运动员的成才具有个性化特征,要用个体的角度看待运动员的成长。而关于运动员职业生涯发展方面提出,应从发展与整体的视角看待运动员的职业生涯,重视运动员职业生涯的发展,关注运动员职业生涯的转换以及可能产生的影响。

运动员职业生涯周期以职业转型探索过渡期为转折点,前后又包括运动员职业生涯阶段及后运动员职业生涯阶段。影响运动员职业生涯的内外因素一起,构成了一个复杂的多元的结构。在运动员职业生涯发展周期中,要不断干预和控制外在因素,不断激发内在因素,从而激发运动员的"内动力",提高运动员的综合素质和职业能力,才能够保持运动员职业生涯的健康状态。运动队应在运动员的不同时期为运动员制定职业生涯规划教育与指导,培养运动员职业生涯规划意识,并引导运动员积极应用相关知识进行职业规划。从而有助于运动员个体更好地认识自己,并对未来职业发展定位、目标、方向进行科学规划,进而实现个体价值。

1.5.6 学习行为的研究

学习是一个非常宽泛的概念。现代汉语词典对"学习"有两种解释,其一,从阅读、听讲、研究、实践中获得知识和技能;其二,效法第一种释义,认为学习还包括个体的实践过程,即学习不仅指特定环境条件下(学校、课堂、书本)的学习过程,还包括人从出生到生命终结的全部实际生活和劳动过程,即实践过程。所谓行为,泛指完整的有机体外显的活动,包括动作、运动、反应或行动。行为可以是公开的,也可以是隐蔽的,人们可以通过改变引发行为的环境事件来改变行为。关于学习行为的内涵,专家们有不同的诠释,归纳如下:①学习行为是指学习过程和活动;②学习过程包含着由学习动机到实现学习目标这一过程中的一切行为活动。学习行为是学生和环境相互作用的产物和表现。③学习者在学习过程中所采用的行为形式与方法,它是学习者的思想、情感、情绪、动机、能力及运作程序的具体行为表现,是学习者在特定情景下的学习活动的具体化和现实化。④学习行为是学生为达到学习目标而做出的一系列的结果,它的产生与持续基于学生对学习目标的价值判断及对学习结果的估计。⑤学生在获取和应用知识过程中表现出来的个性特征,这种特征在不同的学习阶段存在差异。综上所述,学习行为,包括积极的和消极的两个方面,涵盖注意力、学习动机、学习态度、学习结果等四个层面。

国内学者对学习行为的相关探讨多为对教师行为研究较多,较少关注学生学习行为,而关于运动员的学习行为研究,更为少见,相关学习行为的研究多见对学习行为影响的研究。通过相关性分析和系统层次分析,从学习态度、学习方法、学习环境等三个部分调查学生的学习行为模式,发现因个人学习目的、学习态度、学习方法等综合因素形成的学习行为习惯,这些学习行为模式直接影响大学生学生的学习成效。建议在教学中,教师应多研究学生、鼓励学生、引导学生和理解学生。并发现影响中小学生学习行为的最主要的因素可概括为三类:①侧重主观因素的学习动机、学习策略和注意力。②侧重客观因素的学习气氛。③受主、客观因素相互作用影响和制约的学习压力。

1.5.7 国外研究综述

国内学者,针对关于美国、德国、澳大利亚、英国、法国、日本等经济实力较强、体育发展较好的国家,在高等体育学院办学、竞技体育体制、竞技体育后备人才培养等方面进行了论述。

1.5.7.1 美国

美国的竞技体育以学校为中心,青少年从幼儿园到大学均有参加体育运动的机会。中学是培养青少年运动员的摇篮,大学时期则是培养优秀运动员的高级阶段,大学生运动员是美国竞技体育队伍的主要力量,历届奥运代表团的运动员构成,90%以上是从大学直接选拔出来的。美国青少年的训练强调"运动员第一,胜利第二"的理念,注重人的主体地位,体现出"运动员第一的人本主义思想"。各类队伍都十分重视运动员的文化教育,本着"训练需要必须服从于受教育需要"的原则,当学习和比赛发生冲突时,始终坚持大学生运动员的身份应把大学生放在首位。美国大学生体育联合会(NCAA)是美国大学竞技体育的管理机构,美国大学开展的校际体育是美国高等教育中不可缺少的一个方面,这一机构既不属于政府机构,又有别于国家奥委会和国际单项体育协会,属于非营利性的社会团体。联合会根据运动项目的设置、场地设施、运动员数量等因素可以分为三个级别级。各级分别设有各自的领导委员会和管理委员会。美国大学生体育联合会（NCAA）建立有严格的规章制度和管理制度。首先，对大学生运动员在文化学习上设立了四个招募条件，以保证大学生运动员入学前的文化要求。其次，在运动员学籍管理方面，并没有制定与普通专业学生相比，学习要求较低等相关政策，只是配备专门的文化学习指导教师，以帮助运动员解决学业上的问题。再次，合理的奖学金机制，满足大学生运动员训练的保障；最后，对运动员的训练、竞赛等制定了相应的时间、次数要求，以保证运动员的学习质量，体现以学习为主的思想。

1.5.7.2 德国

德国依据运动员水平设置 4 个运动员级别，遍布全德的 12 000 余家体育俱乐部、各乡镇、学校、奥林匹克训练基地、州单项协会、州体联、各州负责体育运动和学校教育的部门、竞技体育协会、德国体育资助基金会、德国奥委会、德国体联竞技体育部、德国内政部及德国国防部都以不同形式参与竞技体育后备人才培养的工作。建立体育运动重点学校和竞技体育合作学校，为青少年运动员创造良好的文化课学习和运动训练条件是德国各级部门和组织的首要工作。德国的运动员培养途径是经过学校和俱乐部两个途径。开始接触和尝试体育运动是进入某一个俱乐部，这个阶段的体育活动完全是业余性质，不耽误学习，由家长资助。如果没有运动天赋，就一直在俱乐部里进行体育锻炼，成为业余爱好者。如果有运动天赋，被各种形式的选材计划选中，则有两种可能进行更为系统的训练：①进入各州的训练基地和体校（如田径、游泳等项目）；②进入更好的俱乐部（如足球等项目）。在这个阶段并没有脱离学校教育，因为不管在俱乐部还是在体校训练都不是全时的，而训练经费则由州政府和俱乐部来资助。经过一定时间的训练，达到更高水平之后，根据项目的不同，这些运动员或进入国家级训练基地，或进入更高级别的俱乐部。由此可见，德国运动员的职业生涯从俱乐部开始，青少年运动员在参加训练的同时并没有完全失去接受文化教育的机会，其经费来源主要靠政府和俱乐部共同资助。

1.5.7.3 澳大利亚

澳大利亚有关研究表明，澳大利亚体育运动的基础是地方俱乐部和中小学校，高水平运动员的培养则以澳大利亚体育学院为主。澳大利亚体育学院的实质是集运动训练、体育科研、体育信息、教练员培训为一体的体育训练基地。该校位于堪培拉，配备有高水平的教练和世界一流的体育设施和科研支持，学院属于非教学性学院，只有运动医学唯一一个学科可以授权硕士学位外，无权授予任何学位，除堪培拉训练基地外，澳大利亚还在全国各地的大学和学院建起了训练基地。一方面，各州的体育学院承担了一部分澳大利亚体育学院的训练项目,另一方面则培养本地区的优秀运动员。澳大利亚培养精英运动员成功经验有三大特色,即真正以教练员为主体,以运动员为中心,科训紧密结合,确立了对体育科研和对精英运动员直接支持的两个资源配置重点。

1.5.7.4　英国

英国文化传媒体育部、英国体育理事会与英国奥委会是三家相对独立的政府体育部门及民间体育组织,但在运动员文化教育、职业培训和就业等问题上却进行了密切且富有成效的合作。文化传媒体育部负责有关政策的研究及制定工作;体育理事会在经费方面予以支持,并有专门的人员负责与奥委会相关部门进行协调,具体落实政府部门的各项政策、计划。在运动员文化教育方面,英国文化传媒体育部对优秀运动员实行奖学金计划,其目的在于帮助 25 岁以下的优秀运动员能够在正常学业进展的同时,潜心于高水平运动训练。

1.5.7.5　法国

法国政府为健全和完善运动员保障体系、发挥体育的文化教育作用、更加科学规范的培养高水平教练员、运动员等成立了青年及体育与民间组织部(以下简称"青体部")。法国运动员的培养,主要依赖各种训练基地,第 27 届奥运会获奖运动员中 49% 是从国家训练基地和大区训练基地产生的。法国国家体育学院是法国青体部直属的国家训练基地,平均每年有 840 名优秀运动员在此接受训练,基地共有 30 个项目,200 多名教练员,目标是奥运会,这是法国最大的综合性训练基地。法国运动员培养采取双向培养计划",即运动训练计划和文化教育计划,强调文化教育和运动训练同等重要,两者没有先后高低之分。法国运动员文化教育贯穿了运动员成长的全过程:从青少年运动员—"希望"运动员—"成熟"运动员—"杰出"运动员—退役运动员,均能受到并达到同龄人的文化教育与职业培训标准,运动员退役后能顺利过渡到其他社会职业,良性的人才培养机制给法国竞技体育的可持续发展提供了相对充足的后备人才。法国运动员"双向培养计划"充分体现了以人为本与全面协调可持续发展的竞技人才培养理念。

1.5.7.6　日本

日本的竞技体育后备人才培养上采用双轨制,体育大学为补充。路径一:中小学代表队—大学代表队—国家队;路径二:中小学代表队—俱乐部—国家队。中学毕业的体育特长生有两种途径选择,到俱乐部从事职业体育;选择适合自己的大学,继续高水平的训练。两种选择形成的双轨保证国家集训队有足够多的体育人才可选择。在日本,对少年足球运动员进行培养的主要是通过俱乐部来完成的。俱乐部主要分为学校少年足球俱乐部和社会少年足球俱乐部。俱乐部主要负责少年运动员的训练,并组队参加各类比赛。目前,比较有影响力的比赛是日本全国少年足球比赛和九地区的少年足球联赛。每个俱乐部平均每年参加20场比赛,少年足球俱乐部的宗旨并不是强调足球运动的竞技性,而是注重培养学生对足球运动的兴趣,通过激发学生的兴趣使他们积极地参与到足球运动中来,以此促进学生身心健康发展,为学生今后运动生涯的发展奠定基础。

目前,日本竞技体育植根于学校,运动员的文化教育有较好的保障,因此日本的研究者更加关注的是运动员退役后的职业过渡和转换。在日本,对运动员退役后的就职,称为运动员的"第二人生"。在关于日本女性运动员退役后第二职业的研究中,以7位34～60岁的日本女性奥运选手为研究对象,探讨日本女性运动员退役后第二职业的现状,研究表明,日本女性运动员选择进入什么样的高中、大学学习多受教练和家人的影响,选择进入该所学校的主要原因是学校里营造了良好的训练环境;女性运动员多在30岁左右因为身体等方面的原因退役,退役后除了结婚生儿育女以外,也开始步入社会参与各种社会活动;相比男性运动员,女性运动员更加愿意选择从事相对自由、快乐的职业。相关文献对水球运动员职业意识进行了研究,对日本现役的4名国家男队水球运动员,关于运动员对从事水球运动的意义、退役后的思考、规划,为退役后所做的职业准备等进行访谈,研究表明:①作为社会团体的运动队伍,能够促进运动员的社会化;②要使运动员具有第二职业的意识,除了运动员自身的责任思考以外,社会和组织对运动员的引导也相当重要;③在日本现有的以学校为主体的竞技体育制度中,要开拓创造扎根于社会的竞技体育环境;④现有的运动项目组织,要继续为该运动项目营造公正的竞技体育环境。

从上述国外研究综述来看,发达国家队运动员的培养,受到以下启发:

第一,从培养的途径看,运动员群体的文化教育主要依托于系统的教育体系内完成,形成了比较完善的运动员培养体系。美国运动员群体运动训练的实施由学校各级协会联盟和体育联合会分别实施,中学是竞技体育的输送主体,大学则是竞技体育的主体,日本与美国比较类似。欧洲、运动员的运动训练则依托社会的体育俱乐部进行培养,由于运动员群体融入了正常的文化教育环境中,在学业成绩与运动训练选择中并没有出现特别突出的学训矛盾。

第二,各国都秉着运动员文化教育与运动训练同等重要的理念,在学业上,要求运动员与一般学生并无两样。如美国,强调学生运动员首先是在校学生,其次才是运动员的观念。法国的运动训练和文化教育双向培养计划,都充分体现国家对运动员的培养理念和制度导向。

第三,制定合理的规章制度,采取一系列相关措施,保障运动员与普通学生在学业上保持一致。体现在:①对运动员的入学标准、进校后的学分制学习都有明确的规定;②对运动员的训练、竞赛等等设置了相应的时间、次数要求;③采取延长学习年限、提供灵活多样的学习形式以保证运动员的学习质量。

1.5.8 已有研究的不足

当前研究的热点,集中于宏观层面的探讨,制度、体制的研究非常热烈。这些探讨至少给了我们提供了运动员文化教育研究的外部因素。但研究中还有些没有涉及的盲点,归纳如下:

第一,运动员文化教育的落脚点,终究还是作为主体的人,一个贴上竞技体育标签的特殊群体——运动员,为运动员文化教育创造一切外部的环境,制造一个良好氛围,都要从运动员主体出发,研究运动员本身需要的文化教育。具有特殊天赋的运动员,也是社会的人,具备一切社会的基本属性,这是运动员群体与同龄学生所共有的共性。又因为运动员由于从小从事竞技体育训练,除了与其他同龄人的正常学校生活外,还同时接触和融入竞技训练的环境,通过这个环境培养的运动员与同龄学生相比,又显示出其独特的个性。运动员与同龄学生的共性和个性是如何表现的? 这些个性与共性体现在运动员的文化教育中起到什么作用? 负面的还是良性的? 研究都不够深入。

第二,现有的文献都已经从各个方面论述运动员文化教育现实存在的各种问题,这方面的研究比较全面,个人认为这是外部现象的研究,是研究的第一个层面(表象物质层面);研究的第二个层面是依据这种思路去探寻运动员文化教育现存问题的种种原因,这是研究的中间层面;研究的第三个层面是核心层面,即运动员的文化教育一定要遵循教育规律和体育规律,因此,既要考虑到文化教育的普适性,又要照顾竞技训练的特殊性,两者如何统一,统筹兼顾,研究还不够深入。运动员文化教育研究的内容看,以下内容还尚待继续研究。①运动员的运动生涯是短暂的,在运动的初期、中期、高级阶段文化教育的内容是否相同,形式能否有变化,侧重点是否一样,研究还不明确。②不同运动项目有不一样的竞技特征,竞技特征所表现的运动员成才周期的时间有很大的区别,例如跳水运动员在13～15岁开始就进入竞技状态的最佳时期,18岁左右已经逐步退役,而足球运动员则在20岁后,才逐步进入最佳年龄状态区,因此,对足球运动员和跳水运动员的文化教育从政策制定和制度安排,一定要有区别,怎样区别,如何对待,现有的研究还较空白。③高校高水平运动队目前面临的难题之一。即运动员学习"走过场"的难题。现有的研究,局限在对整个环境的现象进行分析,而未对运动员面对不同专业的学习状态进行深入、比较的研究,如体育专业与非体育专业所表现出的就学意愿、就业愿望、学习认知、学习状态、学习能力、学习效果,等等。

第三,目前对运动员文化教育的研究多采用量的研究,运动员群体是特殊的,有其特殊的社会环境和空间环境,运用质的研究方法,研究者在自然情境下,以运动员的视角对运动员的微观层面进行细致、深入、动态的描述和分析是非常必要的,但现有的文献中,对运动员文化教育的问题多是用量的研究方法,进行大样本大规模的调查,而难以见到关于运动员个案、个例的跟踪、访谈研究,对运动员运用质的研究还不多,诸如种种,都值得我们去深究和探讨。

第四,目前对国外有关运动员文化教育模式的探讨有很多,美国、德国、法国、澳大利亚、日本等国在运动员文化教育方面有很多值得借鉴,可以为我国提供一定的参考,但国家的政治、经济制度、文化差异、体育体制的不同,人才培养模式的借鉴,不能等同于"流水线"的引进,指导改革的理论必须是基于自身的现实条件、文化逻辑以及基本国情。体育部与教育部两部门的单独分设,是导致运动员文化教育缺失的根本原因之一。因此,在当前一段时间内,运动员文化教育还是要寻求在当前体制内如何达到最优化的问题。所以,在现有的国情中,原有体制内,研究较为成功的个案,从中寻找规律,更贴近实际,更容易推广。

2 研究思路与方法

2.1 研究思路

实证主义和人文主义是社会研究的两种基本的哲学与价值取向。就目前有关运动员文化学习的研究范式,多采用实证主义的研究方法。然而,社会现象和人们的行为与自然界的运动是不相同的,人类自身的特殊性要求我们对社会现象和人类行为的研究必须要采用特殊的方法和视角,通过深入被研究者的内心世界去理解他们的行为及其所产生的社会后果,这种人文主义的研究取向,对社会生活描述更加深刻和细致[①]。研究运动员的文化教育问题,最根本的是要探讨运动员文化学习方面的问题,"运动员"自然而然的是研究的主体与对象。在研究过程中,研究者坚持以田野工作为本,努力在访谈、参与观察的基础上展开社会人类学思考。图2-1描述了本文的研究思路,需要说明的是,在具体执行的过程中,整个研究过程实际上是一个循环往复、不断深入的过程。以质的研究方法,把运动员的文化学习置身于运动员生活的实然情景中去研究,探寻运动员的学习行为受到哪些因素影响,这些因素对运动员的学习行为是否产生积极的或者消极的作用,并从运动员个人的角度出发,探讨运动员学习行为对运动员生涯的影响。

本研究的研究问题是:在现有的竞技体育体制下,中国运动员是在怎么样的运动队环境中学习、生活、训练的? 他们的学习行为有哪些特征,运动队特有文化方式对他们的学习有何影响? 运动员在退役阶段是通过什么样的学习行为来弥补文化教育不足的? 文化教育的缺失对运动员一生的发展有何影响? 在这个问题之下,研究设计了4组子问

---

① 郑杭生.社会学概论新修[M].北京:中国人民大学出版社,2003.

题,并按照运动员生涯发展规律设计运动员发展的三个成长阶段,运动员在役期的成长与学习、运动员职业过渡期的学习以及运动员退役期后的学习,以此围绕运动员与运动员文化教育所展开(图2-2)。

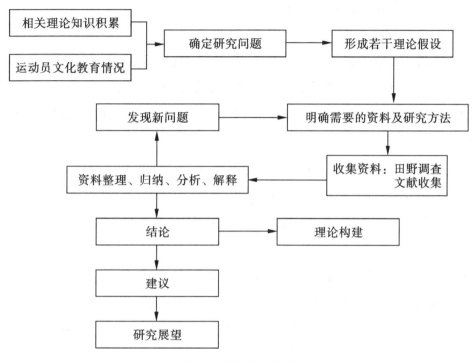

图2-1 研究技术路线

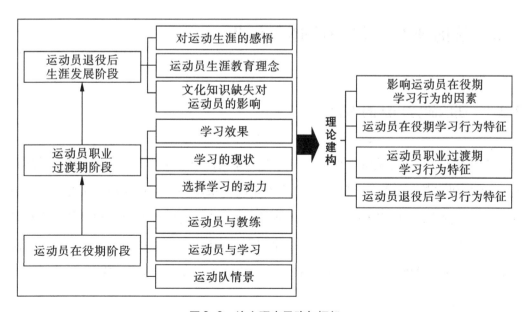

图2-2 论文研究思路与框架

1. 运动队的环境是否为运动员营造文化学习的氛围

运动员从小从事竞技训练,靠着自身的努力和拼搏进入运动队,融入与一般同龄人完全不一样的几乎封闭的运动队环境。这究竟是一个怎样的环境呢? 在这个环境中,文化学习与运动训练两者是如何兼顾的呢?

2. 教练是如何影响和指导运动员的文化教育

运动员离开父母、离开家,主要的监护人和教育者变成朝夕相处的教练,教练能否在运动队的环境中担负起学校教育、家庭教育、社会教育等教育责任? 运动员与教练员究竟是什么样的关系? 教练对运动员除了运动训练外,对文化学习方面有何影响? 影响有多大?

3. 运动员自身是如何看待和对待文化学习的

运动员的专业队训练年限有6～10年,将近10年的特殊生活,他们是怎么样渡过的? 在这期间他们自身是怎样看待和对待文化学习的? 这10年的生活对运动员来说意味着什么?

4. 退役后运动员如何弥补自己文化教育的不足

运动员退役后,他们将面临什么样的选择? 退役后的生活是什么样的? 文化教育缺失的现实对他们来讲影响究竟有多大? 后期他们是如何弥补文化教育缺失的?

2.2 质的研究方法的选择与运用

2.2.1 质的研究方法的内涵

本研究主要运用的是质的研究方法,它是与量的研究相对的一种研究方法。质的研究是指,以研究者本人作为研究工具,在自然情境下采用各种资料收集方法对社会现象进行整体性探究,使用归纳法分析资料和形成理论,通过与研究对象互动对其行为和意义建构获得解释性理解的一种活动①。这个定义是采取"文化主位"的方式,是对质的研究者从事研究的具体实践进行描述和总结,这个定义包括如下几方面内容:

---

① 陈向明.质的研究方法与社会科学研究[M].北京:教育科学出版社,2009:12.

（1）研究环境：在自然环境而非人工控制的实验环境中进行研究。

（2）研究者的角色：研究者本人是研究的工具，不使用量表或其他测量工具。

（3）收集资料的方法：多种方法，如开放性访谈、参与型和非参与型观察、实物分析。

（4）结论和理论的形成方式：归纳法，在资料的基础上提升出分析类别和理论假设。

（5）理解的视角：主体间性的角度，通过研究者与被研究者之间的互动理解后者的行为及其意义解释。

（6）研究关系：研究者与被研究者之间是互动关系，要考虑这种关系对研究的影响。

相对于"量的研究"，"质的研究"有如下几个特性：①适合在微观层面对个别事物进行深描；②适合探讨特殊现象；③善于在时间的流动中追踪事件的发展过程；④强调从当事人的角度了解他们的看法；⑤重视研究者对研究过程和结果的影响，要求研究者对自己的行为以及被研究者之间的关系反思。[①]

2.2.2 有关质的研究方法与运用

质的研究收集资料的最常用的三种方法一般有：访谈、观察和实物分析。

2.2.2.1 访谈

研究者在了解和学习质的研究方法后，对该方法的研究具体操作流程和研究者的研究技术问题尚存些许的困惑，因此决定先进行初步的预研究。预研究时间是在 2013 年 1 月，分为两种形式进行，首先是研究者与初步定下的首位受访者，围绕有关运动员的运动生涯情境、运动队的学习以及退役后的学习三个主题进行访谈和交流。访谈前，研究者设计了访谈提纲，列出了几个开放式问题，如：你的运动生涯是如何度过的？在运动队里你是怎样学习的？由于问题太过于宽泛，受访者在叙述时出现主题和重点不明以及简单几句话就概括结束的现象，没办法呈现出具体的事例和思想。因此在以后的访谈中都采用半结构式访谈，在开放型问题下，还预备了几个协助问题，以促进被研究者对事物情境的深描。

其次，经过首次预研究后，针对研究者所产生的另一个疑惑——受访者对运动生涯的回顾和现有生活经验的自述对受访者究竟意味着什么？受访者有何感受？研究者要如何访问才能使受访者更加真实、还原出运动员的生活、训练、学习经历？受访者连续若

---

① 陈向明.教师如何作质的研究[M].北京：教育科学出版社,2010:12-13.

干小时的自述和交流时能否感到压抑,或者不舒服? 受访者怎样感觉坐在那里聆听自己故事的研究者? 不论是从访谈操作还是从研究伦理出发,研究者都决定以受访者身份,亲身体验一下被访谈的过程。研究者找到博士毕业论文中也同样运用过质的研究方法的学姐,在对学姐介绍了研究主题后,研究者以受访者的身份与学姐进行了一次 2 小时左右的访谈。访谈结束后,研究者有如下感受:

(1)访谈时,要创造让受访者感觉舒服和放松的环境。

(2)口述材料都是令个人印象深刻,并具有重要特殊意义的故事,有时在访谈者的引导下,会勾勒出尘封许久的往事,在进行交流中,会加深对以往事物及情境的感受,思维和解读的方式,会有全新的角度。

(3)个人的学习和成长的确离不开经验和对经验的反思。

(4)访谈结束后,人会感觉放松而愉悦。

2.2.2.2 观察

观察前拟出观察提纲,利用非参与观察形式,2013 年 10 月研究者实地走访了广西壮族自治区体工队运动员的教室、训练馆、食堂、宿舍等地,观察运动员的学习情境、训练情境和生活情境。运用参与观察形式,在 2013 年 12 月全国游泳女子水球运动员集训时,持续 2 周时间,参与到运动员的训练、学习、生活之中。

另外,访谈中特别留意受访者的非语言行为,如:外貌、动作、表情、语速和音量等,研究者本人在访谈中随时提醒注意自己的非言语行为。

2.2.2.3 实物分析

通过在与运动员的接触中,部分运动员为了研究需要,还提供给研究者,某些特殊事物时的照片,以及运动生涯时期所真实记录的训练日记、生活日记等实物资料,这些珍贵的实物资料,进一步丰富研究者的研究素材。

2.3 研究对象与抽样样本

2.3.1 研究对象

本书以运动员生涯发展过程中的学习行为为研究对象。本书所研究的运动员是指按照国家有关规定正式进入国家或各省区市及计划单列市优秀运动队参加运动训练和竞赛,享受国家体育津贴奖金制的在役运动员,即国家队和各省区市体工队(运动技术学院)正式在编的运动员,也包括高等专业体育院校培养的运动员,他们同时享有国家体育津贴。

2.3.2 抽样样市

2.3.2.1 抽样标准

研究之初,因为需要获得的信息比较宽泛,所以没有对抽样标准做太细致的要求。唯一希望被研究者是"运动员",当中包含有现役的和已经退役的运动员,对于其运动成绩,没有特别的要求,主要是访问普通的、不为人们所熟知的平凡运动员。访问对象的性别包括男性与女性,运动项目包含游泳、跳水、水球、花样游泳四个项目。在做好前期资料收集,确定好访谈提纲后,研究者按照既定的研究计划寻找受访者,在联络退役运动员时由于基本都是"熟人",在告知访谈目的、内容后,受访者都欣然接受,约定好时间后,进行得非常顺利。在对刚退役运动员的调查中,前期也是预约的"熟人"后来通过滚雪球的方式,又找到两名和他一起参加退役培训的运动员。

2.3.2.2 差异抽样和方便抽样

在全国范围内,包括四川省、湖南省、广西壮族自治区、上海市、重庆市选取个别优秀在役和退役运动员。

差异抽样:根据运动训练学的项群理论,游泳、跳水、水球、花样游泳这几个项目各属于不同的项群。如:跳水、花样游泳属于技能主导类难美性项群;水球属于技能主导类同场对抗性项群;游泳属于体能主导类项群。不同项群有各自不同的特点和风格,运动员长期保持某一项目的竞赛和运动训练,也形成了迥异的身材特点和心理特点。然而,在社会学的研究中,不同项群特征的运动员又是如何体现出社会差异性的呢? 因此,在对运动员进行研究时,还会重点探讨运动项目变量在运动队的环境、学习行为、教练与队员之间的关系等的影响。

方便抽样:游泳、跳水、水球、花样游泳这些都是我十分熟悉的项目,认识很多朋友,能够帮我联系访谈对象。此外,如果研究过程中,发现抽样数量不足,还会考虑使用滚雪球抽样的策略,即通过一个"知情者"来寻找更多"知情者"。

2.3.2.3 抽样数量

对运动员的抽样数量作了如下考虑:第一轮选取四个运动项目中退役和在役的21名优秀运动员作为初步访谈的对象,在访谈中除了对其进行基本了解以外,首先观察访谈者对本研究的兴趣以及访问中研究者与被研究者相互交流、理解的深度。第二轮在此基础上,正式确定19人为访谈对象,继续后二轮深入的访谈,访谈时,根据访谈情况和目的,采用单一或集体的访谈形式。研究之初,本来打算在初步访问的20人中,确定10～12人再进行深度访谈,但在访谈交流中,除了2人外,其余的19人都对此研究访谈表现出极大的兴趣,特别是过渡期和退役期的运动员,有强烈的表述愿望,为了尊重受访者的意愿,最后确定19人为访谈对象。(表2-1～表2-3)

表2-1 在役阶段运动员样本的基本情况汇总

序号	年龄	性别	运动项目	运动等级	目前状况	最高学历	访谈日期与访谈时长	访谈地点	受访形式	与研究者关系
101	15	女	水球	健将	国家队	初中	2013.4,3 小时	咖啡厅	集体	陌生人
102	16	女	水球	健将	省级队	高中在读	2013.4,3 小时	咖啡厅	集体	陌生人
103	18	女	水球	一级	省级队	高中	2013.4,3 小时	咖啡厅	集体	陌生人
104	18	女	游泳	健将	省级队	本科在读	2013.8,2 小时	办公室	个人	陌生人
105	18	男	游泳	健将	省级队	本科在读	2013.8,2 小时	办公室	个人	陌生人
106	24	女	水球	国际健将	省级队	本科	2013.10,2 小时	咖啡厅	个人	熟人
107	20	女	水球	健将	国家队	硕士在读	2013.10,2.5 小时	办公室	个人	熟人

表2-2 职业过渡阶段运动员样本的基本情况汇总

序号	年龄	性别	运动项目	运动等级	目前状况	所学专业	访谈日期与访谈时长	访谈地点	受访形式	与研究者关系
201	20	女	游泳	健将	本科就读	工商管理	2013.11,3.5 小时	咖啡厅	个人	熟人
202	18	女	跳水	健将	本科就读	运动训练	2013.11,3.5 小时	咖啡厅	集体	熟人
203	21	女	跳水	健将	本科就读	运动训练	2013.11,3.5 小时	办公室	集体	熟人
204	18	男	跳水	一级	本科就读	运动训练	2013.11,3.5 小时	办公室	集体	熟人
205	18	女	跳水	健将	本科就读	运动训练	2013.8,2 小时	办公室	个人	陌生人
206	24	女	花样游泳	国际健将	本科就读	工商管理	2013.10,1.5 小时	咖啡厅	个人	陌生人
207	24	女	水球	健将	在职硕士就读	法律	2013.10,2 小时	咖啡厅	个人	熟人

表2-3 退役运动员样本的基本情况汇总

序号	年龄	性别	运动项目	运动等级	目前状况	最高学历	访谈日期与访谈时间	访谈地点	受访形式	与研究者关系
301	39	男	水球	健将	体育系统管理者	大专	2013.9,1.5 小时	办公室	个人	熟人
302	36	女	游泳	一级	高校教师	博士	2013.1,2.5 小时	研究者家	个人	熟人
303	39	女	游泳	健将	小学教师	本科	2013.1,2 小时	咖啡厅	个人	熟人
304	38	男	游泳	健将	游泳学校管理者	大专	2013.11,2.5 小时	茶楼	个人	熟人
305	31	女	花样游泳	健将	高校教师	本科	2013.10	QQ 交流、电话		熟人

2.4 研究资料的分析

科学研究应该从大量的事实证据中抽象出关于事物本质的知识。质的研究虽然不一定要"抽象"出关于事物"本质"的知识,但是对资料的整理分析确实是研究者的一种加工,是通过一定的分析手段将资料"打散""重组""浓缩"的一个过程。[①]

本书对资料的整理与分析基本是同步进行的,每次访谈或者观察后,首先会及时地录入转换成文字,再进行类别、编码,在所有资料收集结束后,最后进行全文的框架构建。

2.4.1 解读

访谈录音经逐字逐句转录成文本,共计逾15万字。转录过程中,研究者首先根据生涯发展规划将每位受访运动员进行匿名处理并用数字编码,在其训练所在地等能够容易引起读者对号入座的信息都做了适当的调整,确保不暴露受访者的真实身份。其次,对转录的文字资料进行仔细阅读,尽量把与自己有关的前设和价值判断暂时搁置起来,让资料自己说话。质的研究需要处理的是文字而不是数字,虽然文字比数字难以捉摸,但

---

① 陈向明.质的研究方法与社会科学研究[M].北京:教育科学出版社,2009:270.

文字也比数字能产生更多意义,[①]阅读资料时需要充分运用自己的情感体验投入对文本信息的回应,在阅读文字时,脑海里再现访谈的情景,将受访者疑惑、震撼、兴奋、厌恶、羡慕、无聊等各种各样被激发出来的情感和想象萌生之处作出标注,并如实记录下自己的感想,对浮现出的主题进行归类。

2.4.2 建立树节点

在熟悉收集的资料后,对运动员的材料进行分类,并输入进 NVivo 8.0 质的研究分析软件。首先建立"内部资料",步骤如下:①把每一位被研究者的资料建立单独的文档,并输入"内部材料";②再根据运动员生涯发展的三个阶段,建立"在役期""职业过渡期""退役后期"三个文件,把不同时期的运动员类分到各自的文件中。③把在役期运动员的序列排头列为"1";职业过渡期运动员序号为"2"开头;退役后运动员为"3"开头,并为每一位运动员编号。其次,再按照初步设想的主题,建立了 7 个"树节点",主题分别是:运动员从事训练的动力、运动队的现状、运动员与教练员、运动队学习实况、职业过渡期的学习、退役后的困惑与学习、运动生涯的感悟。在每一个树节点下,根据运动员访谈归纳,分别衍生出 4~6 个子节点。如运动队学习实况的树节点下,还包含"运动员对学习的认识、课堂内的学习、课外学习方式、学训矛盾、教师影响"等 5 个子节点。最后,建立了 1 个自由节点:主题是"对我国体育体制的看法和建议"。树节点建立好后,再进行编码。

2.4.3 编码

本研究的编码有说明性编码、主题编码和分析编码。使用 NVivo 软件具体的分析步骤如下:①在软件中仔细阅读所有访谈材料,并进行编码。编码时,如果一段文字涵盖几个节点,则分别标记在不同的节点下。如果不能确定某段文字内容所属的节点应该放在哪个树状节点下,则暂时标记为自由节点,反之则将文字内容标记为某个子节点,然后放在某个树状节点下。例如,被访谈者谈"我在训练上是非常刻苦的,很难会有偷懒的时候,我组上的几个队友,都是拼命地练,为什么要那么拼命地练呢? 因为还是想在游泳这

---

① Matthew B. Miles 等,质性资料的分析:方法与实践[M]. 重庆:重庆大学出版社,2011:79.

个事业上有所斩获,能够出人头地",将这段内容标记为"为了荣誉"子节点,并放置在"从事运动项目的动力"树状节点下。在编码过程中,还在不停地寻找"本土概念"。在阅读的第二轮时,发现运动员较喜欢称呼不同属运动训练的同龄学生为"外面的人",这一称谓在谈到队友关系,学习困惑时反复出现。另外,"训练累、苦""国家不管""只看成绩""金牌""梦想"等反复出现。②对所有资料编码结束后,利用软件分类提取某一节点下的所有内容,仔细阅读、思考,根据节点的内容对节点的名称进行必要的修改;将不同节点的内容进行比较,进而对一些节点进行必要的合并或重组;对树状节点的逻辑性进行深入研讨,并对部分子节点的位置进行调整。③返回访谈对象中,验证初步结论是否合理,并进行必要修正,最后得出结论。

对编码中出现的参考点、覆盖率以及集体访谈中的个例进行解释。①"参考点"是指引用某一子节点中的内容时,同一编码中的运动员谈到相关内容的次数,即运动员所阐述相关内容的次数。如运动员只谈论此话题一次,那就只建立了 1 个参考点,谈论 2 次,即建立了 2 个参考点。②"覆盖率"是指,引用的文摘在某一个运动员访谈中所占有的比例。③对集体访谈的两组运动员,一是对每一个运动员进行了序列编码,列为单独文档;二是对所有集体的访谈资料,统一建立一个文档,以确保谈话内容体现出前后的连续性。因此,参与集体访谈的角色过渡期运动员在论文中,会出现三个运动员的话语。

2.5 研究方法的反思

2.5.1 研究效度

在量的研究中,效度是指测量工具或测量手段能够准确测出所要测量的变量的程度,或者说能够准确、真实地度量事物属性的程度。[①] 但在质的研究中,不能沿用量的研究对这一词语的定义和分类。质的研究者真正感兴趣的并不是量的研究所指的"客观现实"的"真实性"本身,而是被研究者眼中所看到的"真实"、他们看事物的角度和方式,以及研究者和被研究者之间的互动关系对理解被研究者眼中的"真实"所发挥的作用。质

---

① 风笑天.社会学研究方法[M].北京:中国人民大学出版社,2011:110.

的研究中的"效度"指的是一种"关系",即研究结果与研究其他部分(包括研究者、研究的问题、目的、对象、方法和情境)之间的一种"一致性"。① 质的研究关系涉及两个方面的问题:①研究者个人因素对研究的影响;②研究者与被研究者之间的关系对研究的影响。不论是质的研究还是量的研究个人因素,对研究都会有一定的影响,本章节着重讨论研究者与被研究者之间的关系对研究的影响来阐明研究的有效性。

质的研究中,研究者与被研究者之间最重要的一种关系是"局内人"与"局外人"的关系。"局内人"是指与研究对象同属一个文化群体的人,他们有共同的价值观念、生活习惯和行为方式,也有比较类似的生活经历,因此对事物往往有比较一致的看法。"局外人"则指的是那些处于某一文化群体之外的人,他们与这个群体没有从属关系,与"局内人"通常有不同的生活体验,只能通过外部观察和倾听来了解"局内人"的行为和想法。② 不管是"局内人"还是"局外人",都具有一定的优势和劣势。笔者以前曾经是游泳运动员,退役后一直从事着与体育相关的职业,因此在本次研究中,将自己定义为"局内人"。作为同为运动员的"局内人",相比"局外人"对竞技体育的本质、内涵与运动员有着更相近的看法,也能更透彻地理解运动员的思维方式和行为习惯,在与同为运动员的人群进行交流时,更容易引起情感上的共鸣,从而能够挖掘出运动员内心的真实想法,对运动员常用的本土概念中的意义也会有更深的解释。同时,在构建研究结论时,"局内人"比较容易考虑到当地人看事情的视角,注意在尊重对方意见的基础上对研究结果进行解释。③ "局内人"的研究劣势在于,研究者与被研究者无法建立研究所需的距离感,在共有的同一文化圈中,难以看到本文化的特点,并且有可能对研究者的个人独特之处视而不见。作为一名研究者,我和被研究们有许多共同之处,也由于我们有共同的经历,我有可能对他们经历的一些事情想当然,不作细致的考察和探究就根据自己的看法下结论。例如:在请退役运动员谈到他们对运动员文化缺失的看法时,有好几位运动员都表示他们并未觉得自己在文化方面有所不足,其中,一位退役运动员对我简单地为运动员文化不足下定义,感到非常不认同,反而把我与制造航天科技的人员做比较,质问我与这些人员相比有没有觉得自己文化的不足。这让我发现由于自己事先对研究结果抱有一定的假设和期望,我有可能对在研究过程中有意对研究对象进行引导。

除了研究者"局内人"和"局外人"的关系外,研究者在与被研究者还存在研究关系

① 陈向明.教师如何做质的研究[M].北京:教育科学出版社,2010:242-243.
② 陈向明.教师如何做质的研究[M].北京:教育科学出版社,2010:54.
③ 陈向明.质的研究方法与社会科学研究[M].北京:教育科学出版社,2009:134.

中是否公开、亲疏关系、参与程度等维度上进行分类。从而使研究者的"内""外"身份变得更加复杂和丰富,对研究的进程和结果也有各自不同的影响。

研究关系的"公开与否"是指研究者是否对被研究者公开自己的研究身份,表明研究意图,确定研究行为是否公开,在研究过程中研究者是属于"公开"的还是"隐蔽"的。本论文在确定研究方向的初期就利用为运动员授课对运动员的学习行为进行有意识的观察,观察他们课堂中的学习行为表现;其次,在日常生活间也积极与运动员进行学习方面的交流来了解他们的想法和感受。因此,在这一时期,研究者扮演的是"隐蔽的局内人"角色。当研究者确定好访谈对象,准备与被研究者进行访谈时,事前对受访者发放了一封书面的"致受访对象的访谈事项说明信"(见附页),专门向受访者解释研究的课题、方法、访谈目的、保密承诺以及接受这类访谈对受访对象的意义。这个时期的访谈,即进入"公开局内人"的角色。

在"亲疏关系"这一维度中,研究者与受访者存在有"熟人"与"陌生人"的研究关系。前者是指研究者与被研究者相互认识,在研究之前就已经建立起了一定的关系和交情;后者指的是研究者与受访者相互不认识,只是在研究中才开始建立联系。一般情况下,"熟人"参与研究的可能性比"陌生人"要大,但是也由于双方是"熟人"的关系,被研究者有可能不愿意将自己的隐私告诉对方。① 为了保证研究的可行性,本研究采取的是方便抽样,初期都是在"熟人"的圈子里寻找合适的受访对象,因此在受访的 19 人中,与研究者大多数都是"熟人"的关系,只有 5 位在役运动员和 2 位职业过渡期运动员与研究者是"陌生人"。由于本次研究主题是围绕运动员学习方面的研究,很少有涉及个人隐私层面交谈,因此在采访过程中,研究者与"熟人"的访谈似乎更为顺畅和谐,与"陌生人"受访者的交流还存在一些障碍。

在"参与程度"上还存在有"参与者"与"观察者"之分,研究者早年曾经是游泳专业运动员,有着运动队学习、生活的经历,退役后也同样所经历过学习上的困惑,职业选择的彷徨,在对退役受访者进行访谈时,将自己对这些事件的反应为参照,以此来感受被研究者的感受。在这一角度诠释上,具有"参与者"的视角。而对现役运动员则只是以"观察者"的身份进入现役运动员生活、学习、训练情境中体会与观察。

除了以上研究者与被研究者的关系分析对研究存在的影响以外,访谈技巧也对研究的有效性具有一定的影响。由于这是笔者首次采用访谈法进行研究,尽管之前研读了访

① 陈向明.质的研究方法与社会科学研究[M].北京:教育科学出版社,2009:139.

谈的技巧,做了访谈的研究准备。但是实践初期经验不够,虽加以改进后,还是感觉略有不足,体会如下:①对待陌生的被研究者时,必须事前要做好充分的准备,如果陌生的研究者不善于表述和表达,在访谈中会出现尴尬的"放空"阶段。②对待善于讲述的被研究者,既要放下身段,少发言,全身心地聆听被研究者的故事和感受,又要在不打断被研究者思路的情况下,提醒被研究者沿着访谈的主题继续讲述。③面对不善言辞的被研究者,要根据研究提纲,发现被研究者愿意阐述的部分和内容,待被研究者敞开心扉,打开话匣子后再引导被研究者进入主题。

2.5.2　研究推广度

谈到推论问题,不可避免地与我们常描述的"个性"与"共性"之间的关系相关。从人的每个个体看,每个人都具有"个性";但同为"人",每个个体又构成具有人所共有的"共性"。质的研究的目的不是企图通过对样本的研究而找到一种可以推而广之的普遍规律,也就是"共性"的探寻,而是对某一社会现象进行深入细致的调查,尽可能真切的再现其本质,即深挖样本的"个性"。由于人类行为越深入本质层面就越具有普遍性,因此对本质性揭示可以为处于类似情形的人和事起到一种关照作用,如果这些人和事从研究的结果中得到了某种认同,此研究便发挥了一种推广的作用。因此,质的研究主要是通过认同而达到推广①。本研究是对我国从事游泳、水球、跳水、花样游泳的 19 位运动员,根据他们不同角色时期进行文化学习行为的调查研究,由于我选择的样本只包括愿意参加本研究的运动员,因此他们的情况有可能与不愿意参加研究的运动员有所不同,因此本研究结果能否推广其他项目的运动员,能否代表所有优秀运动员的学习行为还有待探讨,也不准备把研究结果推广到研究范围之外。然而,我所运用的质的研究的目的并不是将研究结果推广到从中抽样的运动员当中,使他们具有代表性。本研究更关心的是研究所揭示的运动员文化学习行为的现象,能否为那些关心运动员文化教育问题的人们提供一定的解释和经验共享。同时,那些与研究者中有共同境遇的运动员们也许可以从中获得一些认同和启迪。

---

① 　陈向明.质的研究方法与社会科学研究[M].北京:教育科学出版社,2009:139.

3 运动员在役期生活情境与学习行为的研究

3.1 运动生涯的开端

舒伯认为,人的第一个成长阶段为 0~14 岁,这一阶段是认知阶段,属于儿童期。处在这一阶段的儿童通过对父母极其家人和周围小伙伴的观察和模仿,开始了解自我、探索自我,认同并建立自我概念及其相关的态度、兴趣和需求。运动员也是在这一时期,由于自身的兴趣、天赋等原因,通过业余训练,经过层层选拔及淘汰,最终进入专业运动队训练体制中,成为一名具有工作编制的优秀运动员。

3.1.1 专业队的建制与流动

3.1.1.1 专业队建制

以奥运战略为目标的竞技体育管理的举国体制已经历了 60 多年的发展,有着其特定的历史意义和背景。新中国成立后,党和政府十分重视体育运动的发展。1952 年,为了使我国的运动成绩大幅提高,在国际比赛中争金夺银,提高国家知名度,向世界宣布中华人民共和国的成立和崛起,成立了"中华人民共和国体育运动委员会"。1954 年改称为"中华人民共和国体育运动委员会",(简称国家体委,1997 年更名为国家体育总局)。国家体委是由国务院单独拨款的行政部门,"体委"的成立标志着我国有一个独立的行政部门,专门致力于我国体育事业的发展。

20 世纪 60 年代,在大力推进群众体育发展的同时,竞技体育也逐步受到国家的重视,形成了少儿业余体校—重点业余体校、体育运动学校—省市体工队、国家集训队的竞技体育训练的三级训练网,三级训练体系的建立标志着专业队建制最终形成。国家体育总局,省、市级体育行政部门是三级训练体系的管理主体,分别从不同级别和层面管理着我国运动训练体系,三级训练体系具有层层衔接,自下而上流动的特点。历史证明,我国竞技体育的训练体制不仅与我国现阶段社会主义初级阶段的基本国情相适应,在该体制下我国的竞技体育迅速崛起为我国国际形象的提升都做出了一定的贡献。

3.1.1.2 专业队的流动

计划经济时期,进入专业队意味着运动员的身份转变为国家的正式职工,人事关系挂靠在所在的运动队"单位",退役后的工作由体工队(政府)统一安置。由于在各地政府强有力的政策干预下,教练员和运动员难以在省际出现横向流动,只能在本省或本市进行垂直上下流动。改革开放后,地区间经济的差距逐步增大,各运动队之间的物质条件距离拉大,运动员开始出现省际以及向国外的横向流动。本章主要讨论的是专业运动员的垂直上下流动。

专业队运动员的上下流动主要以自下而上的推荐和自上而下的选拔为主。自上而下的选拔是由省一级层面的专业队教练进行选拔,专业队教练在全国或全省的比赛中观察和选拔运动员,或者亲自下到基层——市级训练单位——选拔队员。自下而上的推荐,主要由各市级的教练向专业队教练进行推荐。(图3-1)

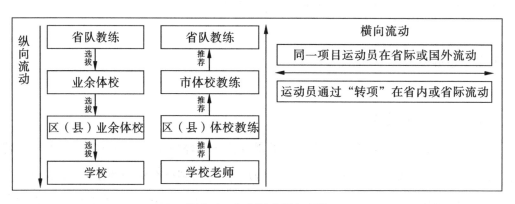

图3-1 专业运动员流动图

3.1.2 从事专业训练的因素

运动员开始从事运动训练到进入专业队,根据训练项目、性别、个体差异的不同,一般会经历3~5年的时间。家庭、个人以及教练的选拔是促成运动员最终进入专业队的根本原因,本章将探讨运动员通过何种途径、自身又有什么样的愿望,进入专业训练体制中。

3.1.2.1 家庭因素

101 水球>－§ 已编码 1 个参考点 [2.74% 覆盖率]

生长在体工队的院子里,什么项目都去体验过,如羽毛球、篮球等也去学习,最终选择了游泳,因为家长认为游泳非常重要,是人的生存技能。后来通过游泳进入了专业队。教练选择我是因为觉得我的身材条件好,父母个子高,父母也有这个天赋。

103 水球>－§ 已编码 1 个参考点 [3.35% 覆盖率]

小时候身材条件就非常好,也表现出很好的运动天赋,而在学习方面,则没有那么出色,所以家长有考虑,如果走体育这条路应该可以有出路。

104 游泳>－§ 已编码 1 个参考点 [4.06% 覆盖率]

小区里有姐姐在游泳队,因为游泳成绩出色而在学业上有帮助,妈妈考虑到考大学会有体育特长加分,能够考上更好的大学,所以试着把我送到业余体校。那个时候虽然知道会影响文化学习,但是很小,思想都是随着父母走的,父母说你应该这样,所以也不会考虑那么多。

106 水球>－§ 已编码 1 个参考点 [2.21% 覆盖率]

以前因为个子高,自己也喜欢运动,参加过田径、篮球等项目,练水球是因为爷爷奶奶支持,但爸爸妈妈不是很支持,父母以前都是运动员,觉得练习体育特别累,所以不想我再做运动员。

201 游泳－§ 已编码 1 个参考点 [0.44% 覆盖率]

小时候身体差,比较瘦弱,父母想让我锻炼身体,正好遇到体校选拔,就从游泳爱好者转到训练。

202 跳水－§ 已编码 1 个参考点 [4.26% 覆盖率]

全家人都非常支持我去练跳水,那个时候一家之主是我的爷爷,爷爷是当地重点中学的校长,他认为做运动员对人的一生都是很好的发展,所以爷爷特别支持我练习跳水。

203 跳水>－§ 已编码 1 个参考点 [4.70% 覆盖率]

其实我中间还是断断续续闹过很多情绪,不想再练跳水了。但拗不过爸爸妈妈,那个时候还小,都是父母说了算。

205 跳水－§ 已编码 1 个参考点 [2.90% 覆盖率]

5 岁多的时候在业余体校练体操,其实当时父母没有想过要让我去练体操,因为对于我们家庭来说经济负担还是挺大的。

303 游泳> - § 已编码 1 个参考点　[1.11% 覆盖率]

从事体育训练,我其实是无法选择的,我的道路都是父母、教练,引导控制的。

304 游泳> - § 已编码 1 个参考点　[3.41% 覆盖率]

父母觉得孩子通过自己的运动天赋,进入到专业队,能拿到工资,捧上铁饭碗,减轻了家庭的经济负担,这是他们支持我训练的主要原因。

从编码看,运动员在开始从事运动训练以及进入专业队,在"家庭因素"树节点中共有 16 个材料来源,19 个参考点,是所有参与运动训练因素材料来源最多,影响最大的因素。家庭是人生的第一所学校,人都出生和生活在一个家庭中,都是首先通过家庭这个最小的社会基层组织,再进入更广泛的社会领域。因此,对每一个人的成长来说,家庭是第一所学校,父母是第一任教师。[①] 在这一小节所寻找到四个本土概念分别是"支持""运动天赋""家长说了算""经济负担"。

运动员开始参与到训练中,离不开家庭的支持与鼓励。家庭对运动员训练的影响主要表现在:①家长态度、行动上的支持。家长让子女从事运动训练主要有三个因素,一是"锻炼身体";二是成为"体育特长生"或"体育特长加分"能够考上更好的大学。高校高水平运动队开始单独招生后,进一步扩宽了运动员的出路,家长也希望子女通过运动训练享有"体育特长生"的特权;三是希望子女发挥"运动天赋"在比赛中获得成就,取得金牌,一方面成为运动员可以减轻学习负担,走一条与常人不同的道路,同时也为家庭带来"荣誉"。②对家庭经济的影响。进专业队后,减轻家庭经济负担。运动员从业余体校到专业队,身份转变成国家职工,捧上了"铁饭碗",每个月均享有一定的津贴,在一定程度上减轻了家庭的经济负担。③遗传因素的影响。运动员前期运动天赋的展现,都不可避免地受到父母的遗传和影响。

3.1.2.2　个人因素

102 水球> - § 已编码 1 个参考点　[4.38% 覆盖率]

15 岁开始练水球,之前在深圳的某个模特专业队,后来因为妈妈生病,回到了老家。在老家时,听说水球队招人让我去试试,说是可以先学游泳,因为做模特的时候,一直想着拍水下照片,觉得水下照片拍得美美的,但是自己怕水,不敢下水,所以就想去试一下,把游泳学会,就这样留下来了。

---

①　王道俊,扈中平.教育学[M].北京:人民教育出版社 1999:495.

<u>105 游泳> - § 已编码 1 个参考点</u>　[0.80% 覆盖率]

自己有梦想,想着要做世界冠军,说不定有一天站在那儿的人就是我了,有梦想的参与。

<u>107 水球> - § 已编码 2 个参考点</u>　[4.73% 覆盖率]

我从小就很喜欢水,5 岁多的时候就开始学游泳。

刚开始训练时觉得只要自己努力了就能得到回报,每次出去比赛,不管是市级还是省级比赛都非常拔尖,后来因为自己力量成长较慢,差距慢慢就出来了,但始终觉得练了这么多年还是很喜欢这个项目,就不想让它最后留有遗憾。

<u>202 跳水 - § 已编码 1 个参考点</u>　[4.26% 覆盖率]

小时候,大人都鼓励我,说我是第二个"高敏",就觉得自己如果训练的话,我就一定能拿世界冠军。2005 年进入省跳水队集训队,在集训队我是属于水花和水感都特别好,于 2007 年通过筛选转正,进入省跳水队。

<u>204 跳水> - § 已编码 1 个参考点</u>　[3.75% 覆盖率]

最先开始学习跳水的是因为母亲对我学习管教太严格,听同学说练跳水,作业很少,还有很多小伙伴一起玩,很开心。

<u>205 跳水 - § 已编码 1 个参考点</u>　[2.54% 覆盖率]

开始练习体操时,让我接触的是蹦蹦床这类的好玩的项目,后面就自己坚持要练体操,练了一年多以后就上省队集训。

<u>304 游泳> - § 已编码 1 个参考点</u>　[1.93% 覆盖率]

班上有 4 个高个子,称为四大金刚,我们经常在一块玩,校队老师把我们中的三个人都选上参加游泳训练。刚开始时,虽然是冬天,水很冷,还是觉得蛮好玩的,很喜欢。在体校待了 1 年多,1987 年的时候,第一次参加省比赛。那个时候,从来没出过远门,第一次比赛就拿了 5 块金牌。

<u>303 游泳> - § 已编码 1 个参考点</u>　[2.11% 覆盖率]

因为自身的运动天赋,被教练选中,而自己也非常喜欢这项运动,愿意做运动员,从地方到省,也有鲤鱼跃龙门的感受。

"喜欢""拔尖""金牌""梦想""世界冠军""不想学习"这 6 个本土概念,描绘出运动员参与训练的原始动机。运动员从开始学习运动项目到步入专业训练,最初是因为自己觉得"喜欢"训练、训练"好玩";随着训练的积累,运动技能提高,逐步在该运动项目上"拔尖",在与同龄人竞争的赛场上获得"金牌"引人注目后,个体的内心获得较大的满足感和成就感;此时,运动员开始怀有较高的体育理想和目标,希望能进入专业队,追寻心目中"世界冠军"的梦想。当然,部分运动员也明确表示自己在展现运动天赋的同时,学习成绩则处于中等或偏下,选择运动训练同时也是为了逃避学习。

3.1.2.3 教练选中

104 游泳> - § 已编码 1 个参考点　[1.08% 覆盖率]

二年级的时候,市体校的教练找到我,让我去练游泳,但是妈妈不同意,教练又到学校里找老师,说一定要我去试试。

203 跳水 - § 已编码 1 个参考点　[2.26% 覆盖率]

我是被启蒙教练选上的,他看见我在学校门口跳橡皮筋,觉得我弹跳力比较好,就过来问我愿不愿意学习跳水。

205 跳水 - § 已编码 2 个参考点　[1.97% 覆盖率]

读幼儿园的时候,比较爱跳舞,很活泼,我的幼儿园老师就介绍我去练体操。

体操练了差不多 3 年,教练觉得自己在体操项目的发展不大了,就推荐我转行到跳水。

207 水球> - § 已编码 1 个参考点　[3.75% 覆盖率]

幼儿园大班开始参加暑假游泳培训班,后来被教练发现,就开始练到业余体校练习游泳,游泳出不了成绩,就把我推荐到水球队,水球队当时也比较缺人,正从游泳和蹼泳队招募队员,所以就转项去了水球队。

302 游泳> - § 已编码 1 个参考点　[1.35% 覆盖率]

教练认为自己有这个潜力,鼓励自己,并极力向父母推荐。

304 游泳> - § 已编码 2 个参考点　[2.86% 覆盖率]

11 岁开始接触游泳,我是在子弟校,父母都是厂里的工人,当时厂里是有游泳池的,对子弟员工有个很好的福利,组建了一个学校游泳队,校队老师选材就看上了我。

比赛期间,省队来了好几个教练选队员,有省游校的教练、有专业队的教练,印象最深的是我的教练,他是专业队教练,直接给其他教练讲:"你们就不要和我抢了,这个队员我是要定了。"教练认为我的蛙泳还可以,潜力很大,不久就从地方来到省城。

305 花样游泳> - § 已编码 1 个参考点　[1.90% 覆盖率]

从事花样游泳是一个契机,因骨龄测试不能达到艺术体操的要求,所以转行花样游泳。在花泳方面综合能力还不错,而且当时省队的大姐姐全部退役,省队需要年轻队员支撑队伍。

"推荐""选上",两个本土概念,建构出专业队自上而下"选拔"和自下而上"推荐"的运动队选拔机制。如果说自上而下"选拔"和自下而上"推荐"体现出运动队垂直上下流动的特性,而"转项"则体现出运动员在运动项目间的水平流动。由于运动项目技能迁移的特点,除游泳运动员以外,跳水、水球、花样游泳三个项目的运动员都具有不止从事一个运动项目的特点。教练选中,老师推荐是运动员参与专业训练的第三个重要因素。

家庭影响和个人动机是促进运动员从事运动训练最重要的两个因素,而运动员展现的运动天赋,通过学校老师、基层教练的推荐,获得专业队教练的青睐,是进入专业队的前提。教练不停地强调自己的运动天赋,父母对自己在运动天赋的发展上,抱有极大的梦想,虽然也清楚做运动员后,会对文化学习有影响,但考虑到走训练的道路会比读书的竞争小些。由此可见,父母支持运动员参加专业训练,其实是支持运动员在运动训练上的发展,希望运动员在运动天赋上有所展现,而并不在意运动员学习上的缺失。运动员建立起自己"世界冠军"的梦想后,也把精力逐渐投入训练,学习上的关注度则开始降低。

3.1.3 坚持专业训练的动机

运动员进入专业队后,每天花费大量的时间,集中全部精力进行大运动量、大强度,正规、系统的专业训练,究竟是什么动力支撑着他们呢?

3.1.3.1 外部诱因

动机是直接推动有机体活动以满足某种需要的内部状态,是行为的内部动力。动机的存在是以内驱力和外部诱因为必要条件的。内驱力是引起个体动机的内部刺激,诱因是引起个体动机的外部刺激。内驱力和诱因推动个体选择一定的活动,它指导人的行为朝向特定的目标[①]。

(1)进队意味着有工作

<u>201 游泳> - § 已编码 1 个参考点　[1.70% 覆盖率]</u>

我现在学历也有,工作也有,工资也有,我出去之后比别人多一技之长,就觉得这个选择没有错。

<u>202 跳水> - § 已编码 1 个参考点　[3.89% 覆盖率]</u>

当时不管是家里还是队上给我的观点:只要你能进队,以后就算退役,也会给你分配

---

① 李红.教育心理学[M].武汉:武汉大学出版社 2007:311.

工作,国家什么都给你包了。就觉得进了队以后我们一切后顾之忧都没有了,只要好好训练就行了。

<u>301 水球> － § 已编码 1 个参考点　[3.85% 覆盖率]</u>

在我从事业余水球训练开始,能进入专业队就是我最大的理想和目标。在我入选专业队的时候(1988 年),国家还处于计划经济的年代,入选专业队和考入大学一样退役后国家是包分配的。那也就意味着入选了专业队后就有了一个"铁饭碗",这个待遇在当时无论对谁来说都是具有非常大的吸引力的。

<u>302 游泳> － § 已编码 1 个参考点　[1.77% 覆盖率]</u>

进队意味着参加工作,这在当时的社会生活状况下,有工作也是极大的诱惑。

<u>304 游泳> － § 已编码 1 个参考点　[0.84% 覆盖率]</u>

就想早一点进入专业队,捧上"铁饭碗",那我这一辈子的事情就解决了。

计划经济时期,进入专业队即转正为国家正式职工,在役期间捧上"铁饭碗",退役后国家"分配工作",是许多运动员选择运动训练最重要的原因。从以上材料来源看,持有这种想法的都是已经退役的运动员,由于他们从进队开始就抱有"进队即国家全包的思想",在学习上更显动力不足。20 世纪 90 年代开始,运动员的出路问题已经越来越严峻,现役运动员的外部诱因动机,已经由捧上"铁饭碗"转到上大学。

(2)进队后平台更高

<u>102 水球> － § 已编码 1 个参考点　[2.21% 覆盖率]</u>

练习体育会比在学校里读书的人接触的人更多,经常到全国各地甚至出国参加比赛,接触社会比较多,更注重实践的学习,人更容易成熟,学习的东西不一样。

<u>107 水球> － § 已编码 1 个参考点　[1.08% 覆盖率]</u>

我觉得转项练水球,是因为水球提供了我去国家队的这个平台吧,相对我自己来说,我的机会也要比别人更大一点吧。

<u>304 游泳> － § 已编码 1 个参考点　[1.14% 覆盖率]</u>

我是属于专业队教练选才的,直接就准备进专业队,进入专业队这个平台后,我再好好训练,争取有更好的成绩。

运动员从业余体校进入专业队,从地方队到省队,实际是运动员社会关系向上层流动的过程。专业队为运动员在训练条件、物质保障、医疗监督等方面都为运动员提供较大的训练空间,运动员有机会加入国家队,代表国家参加比赛,施展运动天赋的平台更大。

（3）难以回到学校

<u>105 跳水> - § 已编码 1 个参考点</u>　[3.29% 覆盖率]

自己付出了这么多年，就这样放弃了的话会感到挺不值得，并且这么多年的训练落下很多的文化知识，如果不训练的话回家读书完全跟不上。

<u>201 游泳> - § 已编码 1 个参考点</u>　[1.55% 覆盖率]

进专业队之后，你也就不得不选择走下去了，因为不可能回头重新读书，就只能一直坚持下去，其实就是选择，你不知道如果选择了学习之后你会是什么状态。

<u>203 跳水> - § 已编码 1 个参考点</u>　[2.57% 覆盖率]

我小时候不想学习，很懒，就觉得训练好玩，所以一直坚持训练，进队后，就觉得这是一种生活方式。

<u>204 跳水> - § 已编码 1 个参考点</u>　[1.34% 覆盖率]

一是不想学习，不想读书。另外，训练那么久了，已经习惯了。

<u>205 跳水> - § 已编码 1 个参考点</u>　[3.70% 覆盖率]

我觉得如果让我读书的话可能不会有我游泳这条路走得好。练了那么久了不想就这样放弃了。家里经济不宽裕，浪费了那么多钱，不练了回去读书也跟不上，亲戚朋友看着也觉得不好。

运动员经过多年的运动训练，已经熟悉运动队系统训练和偶尔学习的生活方式。学习行为发生较大的改变，对学习已经没有任何的要求，一是没有养成学习习惯，二是担心自己跟不上同龄人读书的节奏。

3.1.3.2　内驱力

（1）坚持自己的梦想，为荣誉而战

<u>101 水球> - § 已编码 1 个参考点</u>　[2.98% 覆盖率]

记得教练说过："运动员这么苦的训练，不是为了钱，也不是为了权力，是为了荣誉。"这句话我一直牢记在心。在比赛中战胜了比我们强劲的对手，特别的高兴，3 年的苦练，终于有些成果了。

<u>102 水球> - § 已编码 1 个参考点</u>　[3.02% 覆盖率]

刚开始练习体育项目的时候，的确没有想那么多，等你已经长大，这条路也走了很长了，已经有自己的思想时候，现在放弃觉得没有必要。毕竟已经走了这么长的路，都坚持梦想这么久了，再坚持一会儿也没什么。

103 水球> - § 已编码 1 个参考点　[3.40% 覆盖率]

现在放弃觉得不甘心,当初在考大学的时候也是有纠结到底是要读大学,还是要选择放弃水球,所以当时就觉得练习那么多年体育,没有拿到点什么东西真的是不甘心。

104 游泳> - § 已编码 1 个参考点　[1.70% 覆盖率]

进队之后还是有梦想,冲一下,进国家队嘛!后来年龄大了以后,感觉这些就越来越远了。

201 游泳> - § 已编码 1 个参考点　[1.07% 覆盖率]

想要展现出我和别人不一样,甚至是要超越别人,有脱颖而出的感觉。

206 花样游泳> - § 已编码 1 个参考点　[0.75% 覆盖率]

待在队上就老有异想天开的感觉,因为人人的梦想都是拿冠军,

303 游泳> - § 已编码 1 个参考点　[5.68% 覆盖率]

还是想展示自己最真实的能力,既然已经做到这一行了,就想让自己的运动生涯表现得十分完美,刚开始是奔着奥运会冠军去的,后来知道自己拿不了奥运会冠军,就想着拿全国冠军,这是我的动力,我会比别人付出更多的汗水,向世人证明在这方面我是行的,我有着这方面的能力,这是对我最大的支撑力。

304 游泳> - § 已编码 2 个参考点　[2.35% 覆盖率]

那个时候,没有进专业队,是小学毕业以后才去的省队。小学毕业考试是必须要回到原学籍学校进行考试的,还记得当天我考试结束后,学校的校长还专门告诉体育老师,让他找到我,要我在家里多留一天,第二天要照相。第二天,带上我所有比赛所获得的奖牌,和我的父母一起和校长合影留念,校长觉得我是个非常优秀的孩子,我代表学校,为学校挣得了很多的荣誉。所以,那时也改变了我很多的想法,以前只想到能拿个铁饭碗就行了,后来慢慢发现有了这个铁饭碗后,对自己的要求会更高,荣誉感会更强,想通过好的运动成绩来带给自己自信,也想让自己,包括家人在亲戚和朋友面前得到更多的赞誉。

我在训练上是非常刻苦的,很难会有偷懒的时候,我组上的几个队友,都是拼命地练,为什么要那么拼命地练呢?因为还是想在游泳这个事业上有所斩获,能够出人头地。

305 花样游泳> - § 已编码 1 个参考点　[1.04% 覆盖率]

从小接受的观念就是为荣誉、为理想而战。

成就动机是在人的成就需要的基础上产生的,它激励着个体在自己认为重要的或有

价值的工作中力求获得成功的一种内存驱动力[①]。"坚持梦想""荣誉"等的本土概念,共有 22 个参考点,15 处材料来源,显示出运动员具有较高的成就动机,强烈的成就需要,这与叶平[②]、王健[③]等相关研究高水平运动员具有较高的成就动机相符。运动员从小开始训练即存有世界冠军的梦想,进队后,当现实让自己梦醒,发现世界冠军梦想距离自己似乎遥远时,迅速根据个人水平调整适合的成绩目标。他们渴望将事情做得更完美,不为运动生涯留有遗憾,他们追求的是在争取成功的过程中克服困难、努力奋斗的乐趣,以及成功后的个人成就感。

(2)喜欢运动队的团队氛围

<u>101 水球 > – § 已编码 1 个参考点 [2.02% 覆盖率]</u>

如果我们是练单项的话,可能有一天不想练了,我就走了,但是现在不一样,虽然和队友待在一起的时间只有两三年,如果真要离开,都不忍心,舍不得这个队伍。

<u>102 水球> – § 已编码 1 个参考点 [5.38% 覆盖率]</u>

从文艺界转到体育界感觉蛮不错的,体育界比较团结,在水球队,你只要心情不好,队友们通过你的一个表情、语言都能察觉出来,大家都会安慰你,这种感觉特别好,我喜欢这个集体。

<u>207 水球> – § 已编码 1 个参考点 [2.44% 覆盖率]</u>

水球这个项目是后期练才有兴趣,待久了就发现这是一个很和谐的团体,我从小到大都没有享受过这种团队的感觉,很幸福,到省队后发现这种团队的感觉更好。

还有运动员强调坚持继续训练的动力是运动队的团队氛围,但只有团队意识较高的水球运动员谈到这点。良好的运动队氛围能使运动员产生集体荣誉感和自豪感,这种氛围能激发全体队员在认识上保持一致,使运动员更加珍惜和关心队伍,积极投入团队训练,产生强烈的认同感和归属感,维护运动队的利益和荣誉,使队伍朝着健康的方向发展。

---

① 李红. 教育心理学[M]. 武汉:武汉大学出版社 2007;313.

② 叶平. 运动员的运动成就动机差异[J]. 成都体育学院学报. 2001(5):64–66.

③ 王健. 男子竞技体操运动员成就动机的调查与分析[J]. 河南师范大学学报. 2007(2):165–169.

3.2 运动生涯情境再现

3.2.1 核心价值观

核心价值观源于企业文化,指某一组织判断社会事务时依据的是非标准,遵循的行为准则,是该群体必须拥有的终极信念。组织成员认同核心价值观的人越多,他们对这种价值观的信念越坚定,组织的特征就越明显,组织文化就越强①。

106 水球> - § 已编码 2 个参考点　[3.60% 覆盖率]

运动队所围绕的、营造的是以训练为主这样的氛围。

有些人以为只要有成绩了,什么都不用顾了,这样不好,认知能力单一,只看得到眼前的那一点。

201 游泳> - § 已编码 2 个参考点　[6.60% 覆盖率]

我觉得奥运会冠军才是顶尖,因为全世界最大的赛事是奥运会,你从事这个行业,是想站到这个行业的最顶尖,如果你没站在最顶尖,我始终认为还不是最成功的。

游泳的话就是要告诉自己一天要比一天强,就是想要站在金字塔的顶尖,有了成绩就什么都有了的感觉。

205 跳水> - § 已编码 1 个参考点　[3.41% 覆盖率]

运动队以前一直存在只要你运动水平好一切都不重要的理念,文化学习可以以后再学,训练是第一位,文化学习是次要的。现在因为社会的变化,父母对孩子的文化要求更高了,队里也慢慢加强了队员的文化要求。

303 游泳> - § 已编码 3 个参考点　[5.97% 覆盖率]

在运动队的时候,开始建立起自身的目标,那就只有一个,就是出成绩。每天握在手里的浮板,写的都是冲出亚洲,走向世界。从上到下,灌输的只有出成绩。

运动队唯一体现的价值观,就是勤奋、努力的付出,争取取得好成绩。

运动员的生活很单纯、封闭,与外界接触较少,只明白该项目圈子的事情,身边接触

---

① 斯蒂芬·P.罗宾斯.组织行为学精要[M].8版.郑晓明译.北京:电子工业出版社,2007:233.

的人都是体育人,看不到、看不远人生的目标。当然,近期目标是有的,就是出成绩,退役后的目标,在当时的那种环境下,根本看不到。

305 花样游泳>-§已编码2个参考点 [3.56% 覆盖率]

以成绩论英雄的体制下,10岁开始专业运动生涯,为了运动成绩的提高,学习成为最残酷的牺牲品,长期保持一种机械、军事化的生活,为了"至高无上"的金牌,奉献一切。

在专业队的日子很艰难,尤其对背井离乡的运动员来说,到一个陌生的环境,只有靠自己用运动技能去说话。

从本土概念显示,运动队的核心价值观大体是:"刻苦训练、赛出成绩。"运动队为运动员营造良好的训练氛围,并强调在公正、公平、公开的比赛方式中参与竞争,取得优异成绩为主体的竞争价值观。这种价值观被运动员广泛认可,运动员以创造优异的运动成绩作为自身价值的体现,同时,运动成绩也是运动员获得社会尊重以及社会地位的体现。

当前,科学发展观的核心是坚持"以人为本",给予个体更多的关怀和尊重。但现实却是国家、社会、民众都期盼看到运动员在世界大赛上为祖国争荣誉,看到赛场上升起五星红旗,奏响中华人民共和国国歌。致使运动队价值观一直带有很强的"工具色彩",始终把体育作为手段,人作为实现社会目标的工具这样的思维惯性,而忽略了其本质,运动员只是沦为竞技体育为之"夺标"的工具,而不是具有思想、全面发展的人。在这种功利价值的驱使下,强化体育圈的"金牌意识",金牌成了各级体育行政部门及官员工作的政绩,具体到运动队,也只把"运动成绩"作为评价运动员优秀与否的唯一标准。运动队的一切都是围绕如何让运动员获得优异成绩而营造,运动队的核心就是训练,文化学习也为训练让路,运动员在这样的运动队里生活,学习对他们来讲,逐渐变化成一种可有可无的活动。

3.2.2 价值观的认同

运动员带着自己的冠军梦,融入专业运动队的平台,见识到优秀运动员的精湛技艺,更加激发自身的内驱动,对取得好成绩的愿望越发强烈,渴望自己尽快提高专业技能,运动成绩能再上一个台阶。但运动成绩的取得并不是一蹴而就的,除了运动员平时科学、刻苦的训练以外,运动员在比赛中的表现、对手在比赛中的表现以及竞赛结果的评定行为①等综合各方面的主观、客观因素。能获取好成绩的运动员毕竟是少数,大多数的运动员在专业运动队里并不拔尖,在以"唯金牌论"的运动队里生活,他们受到来自地方队里的领导者、家庭等的队外压力与来自教练与队友的队内压力,对"金牌价值观"的理念更加认同,同时,内心也忍受着极大的失败感和挫折感。

103 水球> - § 已编码 1 个参考点 [5.44% 覆盖率]

刚去省队训练时,成绩实力落差很大,我们新队员接近比赛的时候都会很压抑,因为省队的姐姐们实力很强,担心自己打不好,一直都觉得压力大,老是担心实力不够,会拖球队的后腿。当时打球的时候,就是一拿球,人就会很紧张,而老队员就不会,她们知道应该怎么做,该怎么做。

106 水球> - § 已编码 1 个参考点 [5.93% 覆盖率]

比赛被踢了,我也没觉得有什么,经常会认为自己是活该,技不如人。还有一次,出国比赛的时候,跟一个国外俱乐部打球,对方水平不是很高,她就专门掐人,后来和队友们谈论这个问题时,老队员就会告诉我,你为什么要让她掐呢,水球比赛在水里的比赛,裁判是看不见的,裁判看不见,你就要去打回她呀。你要不被裁判看见,又能打回她,这就是你的能力。

107 水球> - § 已编码 1 个参考点 [3.44% 覆盖率]

环境不一样,所有人都在改变,以前在国家队成绩不突出,那几年都在埋头苦干,努力训练,就想着把自己的事情做好就行了,所以很少和周围的人接触,所以当时在国家队的时候,国家队教练就说我的话少,其实,根本不是我的话少,只是到了这个环境了,把自己给压住了。

207 水球> - § 已编码 1 个参考点 [2.12% 覆盖率]

最初的状态,是刚进队的前两年,那段时间才十四五岁,正是叛逆期的年龄,又遇到自己比别人练得少,表现老不如人家,心里很急躁。

302 游泳> - § 已编码 1 个参考点 [7.85% 覆盖率]

我在运动队的时期,在整个运动队中年龄最小,我的教练认为,我们年龄小,还需要继续打好基础,所以成绩并不出众,默默无闻,是运动队伍里最不起眼的。但我的同龄人,有些人已经出成绩,展露风头,在以成绩论英雄的环境中,给我造成很大压力,在那一段时间,我每天都是埋着头走路,曾经有很长一段时间,都认为自己的性格是内向的,一

---

① 全国体育院校教材委员会[M].北京:运动训练学.2007:65.

点没有自信,后来读书后才发现是以前的生活环境,导致我压抑的。

304 游泳> - § 已编码 1 个参考点 [7.21% 覆盖率]

真正进入专业训练后,我几乎是屡战屡败。当时我的训练水平很高,但一到赛场就发挥不出我真实的水平,每一次比赛我都很失败,几乎没有达到我训练上的成绩,对我心理上的打击很大。刚开始,每次比赛结束后,我都会想这次没发挥出来没关系,下次我会比好,但是每次都不是那么如意,每一次都比得不好,磨灭了我的斗志。那个时候年龄小,心里承受的压力也有限,慢慢地比赛一次,灰心一次,到了最后,每一次都没发挥好的时候,对我的人生打击是特别大。

后来,就这样产生了想退出游泳队的想法,想去集体项目试一试,在对抗性强的运动中去展示自己,再挖掘出自己运动方面的潜能。当时想自己的单项不能有所作为,能不能在集体项目水球这个团队中,表现出自己出色的一面,找到自己的自信呢,因为这个原因,转到水球队。

归因理论认为,个体对行为的产生有两种看法:一种认为结果与自己的行为是不相关的,自己是无法左右局面的;另一种认为结果与自己的行为有直接的关系,是自己可以控制的。①

大多数的运动员在刚进专业运动队时,由于年龄小,潜力大,前 2~3 年阶段运动成绩一般会保持缓步上升的阶段,当竞技能力达到一定程度后,他们的运动成绩在一段时期出现停滞不前阶段,这时,他们会审视自己的行为,会认为自己的努力还不够,会在训练中更加投入,几乎会进入忘我的境界。这一阶段,他们在对待训练上呈现出如痴如醉的程度,想尽一切努力使自己训练水平上升,文化学习根本无暇顾及。这时,如果教练员在训练计划、生活保障、心理调节等方面措施得当,运动员积极配合把握机遇、突破瓶颈,会进一步提高竞技运动技能,运动生涯保持上升的趋势;反之,如果运动员刻苦训练,依然得不到良好的运动成绩回报时,习得无助感会逐步加强,运动员的自尊、自信会受到很大的伤害,不仅是对待训练、对待学习也会出现自暴自弃的现象。

我记得刚进专业队头 2 年,运动成绩基本保持持续上升,几乎每次比赛、测验都会提高成绩,哪怕只有 0.01 秒,也能看到自己的进步,训练起来也非常有信心。在第三个年头十三四岁时,我的竞技状态遇到瓶颈,当时的目标是 100 米蝶泳达到一级,我就差 0.02 秒,练了 1 年成绩一点没有提高,哪怕 0.01 也没有。一年 200 多万(米)的训练量和时间

---

① 边玉芳.教育心理学[M].杭州:浙江教育出版社,2009:213.

都去哪儿了,那一年,我的整个天空都是灰色的,想死的心都有。

3.2.3　物质为主的激励机制

所谓激励,有激发和鼓励的意思,是管理过程中不可或缺的环节和活动,有效的激励可以成为组织发展的动力保证,实现组织目标。良好的激励机制能够激发和调动人的积极性。建立合理的运动队激励机制,可以激发运动员训练的积极性,促进其运动成绩的不断提高;还能够高效利用国家及社会资源,提高运动队的管理绩效;并且有利于后备运动员选拔和培养,合理的激励不仅可以在竞技体育领域内形成一种良性的竞争环境,充分开发人的潜力,而且可以吸引更多的优秀人才加入竞技体育领域。①

102 水球> – § 已编码 1 个参考点　[6.16% 覆盖率]

现实点说,就是钱的问题,只要运动成绩好,领导、教练就会发更多的奖金,待遇也会好。我们队共有 12 个队员,队员按照成绩和贡献大小,分批进入专业队,成绩好些的每个月有 1800 元左右,奖金、工资都是按照名次来的,名次高奖金就会高,刚进队的队员每月只有 500 元,试训队员没有钱,每月还要交 400 元左右的伙食费。

106 水球> – § 已编码 1 个参考点　[3.82% 覆盖率]

队里有规定,只要获得全国前 6 名,就可以在二楼吃饭,没有成绩在底下一楼;食堂还分有长训灶和集训灶,集训灶是还没有转正的队员。水球男、女队都在二楼吃饭,我们地区整体水平偏低,奥运会没有奖牌,水球第五名,是最好的成绩了。

107 水球> – § 已编码 1 个参考点　[0.97% 覆盖率]

专业队是有工资的,游泳成绩好的话肯定工资也会高一些。水球队这边不一样,会根据年龄、学历、成绩来定位。

201 游泳> – § 已编码 2 个参考点　[7.37% 覆盖率]

你如果没有成绩,你就没有训练的保障,放松,按摩,恢复之类的。你也没有那么多奖金,成绩不好也会考不上大学,因为你的成绩达不到上大学的标准,你不出名,在这个领域没有点知名度的话,那么这个大学也不会录取你,有了成绩,队里面就会帮你解决很多实际上的问题。

如果你能站在顶尖的话,我想是很多人都难以体会的感觉,心里能获得极大的满足

---

① 周爱国.我国国家队运动员人本管理理论研究[M].北京:北京体育大学,2010:46.

感,还会有地位,队员们都比较崇拜你,身边的人会很羡慕你,会主动讨好你,感觉你就是一颗闪闪发光的星,所有人都围着你。

202 跳水> - § 已编码 1 个参考点　[3.47% 覆盖率]

队员的成绩好坏,在待遇上区别比较明显,好的待遇都会给成绩好的队员。比如成绩差点的找队医按摩,队医就会说:"自己去烤电,自己去冰敷。"其实成绩不好,真的是因为有伤。成绩好的,医生就会亲自来跟你按摩、扎针,为你耐心治疗,很现实。

206 花样游泳> - § 已编码 1 个参考点　[6.39% 覆盖率]

运动成绩是取决于运动待遇很重要的因素,这两个是因果关系,因为运动成绩好,所以待遇增加。你的待遇是看你对队伍的贡献大小来决定的,那时,我的肩膀受伤了,平时都还是有照常训练,但是比赛就没办法,待遇就要比其他主力队员差一些,因为毕竟比赛才是看成绩的时候嘛。这也是正常的,多劳多得,少劳少得,不劳不得。

207 水球- § 已编码 1 个参考点　[4.22% 覆盖率]

我们由于队伍起步晚,成绩不佳,所以工资也不高。但随着后来队伍运动成绩的提高,队员的奖金收入都成倍增长,赞助商的加入使参加联赛或锦标赛的队员赢球后都有奖金可拿,全运会的奖金就更高了。

301 水球- § 已编码 1 个参考点　[5.19% 覆盖率]

运动员的待遇是与运动成绩挂钩的,有了成绩伙食待遇,工资待遇也相应会好起来。举个例子:我进队的时候(1989 年)没有成绩时每个月工资是 30 元,享受集训灶伙食每天 10 元标准,1995 年获得全国冠军成绩后,工资涨到每月 500 元左右吧,享受的一类灶伙食标准,每天 40 元标准。同时获得运动健将和组织上给予转干,到现在我的档案里还是干部身份。

305 花样游泳> - § 已编码 1 个参考点[2.04% 覆盖率]

因为成绩好,在役的那个阶段待遇还不错,2002 年第一次拿到全国冠军,奖金是 5500 元。

从研究中发现,目前运动队的激励政策始终是以获取运动成绩的高低为标准,体现出如下几个特点:

第一,物质激励为主,并辅以精神激励。改革开放以前,国家对优秀运动员的奖励主要是以精神激励为主,同时,给予极少的物质奖励。改革开放以后,国家逐步增加了物质激励,激励手段从注重精神激励的同时开始向注重物质激励转变,特别是对奥运会比赛的奖励,增加幅度更大,参加奥运会、世界锦标赛等大赛的运动员,除了获得国家的奖励外,地方上的比赛奖金也是层层颁发,省里颁发后,市里也要奖励,县级或者区一级单位同样有奖励。

食堂的伙食会分等级,吃得更好,晚上会有加餐,成绩好的队员每个月有专门的营养费,这个费用包括买水果或者家里炖汤之类的,补充运动员的营养。成绩好的运动员出去比赛可以搭飞机,发的衣服会更多,品质也更好,训练累了,可以找医生帮忙按摩、放松,受伤了,队医也会为你精心治疗,这都是优秀运动员在物质上获得的优越条件。

第二,激励政策制定在形式上非常细致。以上这段话,立体地再现了运动队物质激励的现实。运动队围绕比赛成绩所制定的奖励制度非常地周密、细致,体现在运动队的方方面面。

(食)成绩好的有小灶,享受的标准更高。

(住)全国前三名1人一间,前八名2人一间,其余的3~4人一间。

(行)记得当时队里有规定,凡是达了标能够参加全国冠军赛或者锦标赛的队员,交通出行可以搭飞机,而未达标的队员只能坐火车。我每次和队友搭火车去参加达标赛,都是灰溜溜的搭火车回来,看到同去的队友兴高采烈地搭飞机回去,心里很不是滋味。20世纪90年代初,机票价格对大众来说相当昂贵,一直想搭乘飞机的我,永远都是失望而归。

①生活保障。生活保障中的食、住、行;②训练保障中的服装、器材,包括训练场地也十分的细化,各队各组训练的时间都是围绕最优秀的运动员制定的;③队医的治疗,医生对运动员的治疗和康复也是依据运动员的成绩为治理标准的。④运动员的工资、奖金。⑤为优秀运动员转干等的精神激励。⑥退役运动员的安置。运动成绩的体现不仅限于运动员在役期间,运动员退役后,利用运动成绩给他们带来的荣誉作为谋求新的其他职业的工具[①]。当然,高校高水平运动队的招生要求,同样是以运动成绩作为主要录取标准。

第三,激励政策制定在内容上非常的单一,仅以运动成绩为主。

在队上还是有点爱好,比较喜欢画画,也就自己画着玩,也没有机会展现,在运动队都只看成绩说话,其他方面再好,也没有人在意,其他就算有什么天赋,都不值得一谈。

---

① 钟秉枢.成绩资本和地位获得[M].北京:北京体育大学出版社,2007:262.

3.2.4　封闭式的管理现状

我国运动队的管理早年一直沿用军事化、封闭式的管理体制。这种管理不仅是对运动队的管理,而是我国整个竞技体育的管理都是"封闭式"的。体育系统成为独立于社会其他系统之外的一个封闭体系,各种资源的配置和使用都集中在国家主管部门手中,社会上非体育资源不能有效地融入竞技体育的系统中。

这种管理体制便于强化运动员的管理,对于规范运动员行为,培养运动员生活的良好习惯,集中精力投入运动训练,保障运动员的安全等有积极作用。但这种管理忽视了运动员的个体需求,忽略了运动员作为人的主体性,运动员在学龄时期,却未能进入正规学校学习,长期封闭在运动队的"体育小社会"中,缺少与外界社会的接触,在文化知识、谋生技能、社会经验等方面与接受正规教育的同龄人相比有很大差距。退役后面对社会出现恐慌情绪,难以真正融入社会中。

101 水球> - §　已编码 1 个参考点　[6.05% 覆盖率]

我们队每个星期都要收手机,电脑、iPad 都不能玩。我们唯一能留下的就是 MP4 听歌,其他的都不行。手机星期六晚上发,星期天收。我觉得这事就像双刃剑,有好的也有坏,拿手机肯定会影响训练,这是绝对的,你抵制不住,但是如果你不拿手机,对外界的认识,与外界的联络就会很少,给人一种封闭的感觉。

104 游泳> - §　已编码 1 个参考点　[5.03% 覆盖率]

专业队的管理是完全封闭式训练,每周只有周日半天可以出去买东西,其余时间全都待在队里,手机、电脑全部都不能用,每天上、下午训练,训练完吃饭回去睡觉,睡觉起床又去训练,训练—吃饭—睡觉,完全是三点一线的生活,而且游泳是个人项目,大家更是只埋头顾自己的事情,生活相当的单调、枯燥。

运动队的封闭式管理呈现两个特点:①所有的日常生活、训练、学习全部封闭于"运动队的圈子";专业运动队的建构特点是把运动员的宿、食、训、学都全部整合在运动队中,专业队大院就是一个"小圈子"和"小社会",在这个"圈子"中,住宿、食堂、训练场馆、学习场地等一切都是为运动员创造优异的运动成绩而构建,运动员足不出户,在"圈子"里即可满足自己的一切需要。②运动队的管理者通过各种限制手段把运动员的思想也封闭到"运动训练"的圈子里。比如,不让运动员使用手机、电脑等,就是担心运动员受到这些外界事物的影响,希望运动员把所有心思完全投入运动训练中。这种封闭把运动员完全隔绝在社会之外,即便运动员经常外出比赛,但接触到的还是"体育圈"内的事情,接触"体育圈"外的机会很少,更别说对"体育圈"外事情的了解了。以下这段话,更加深了我们对运动队封闭训练的理解。

207 水球> - § 已编码 1 个参考点 [6.76% 覆盖率]

上周末陪退役的一个队友去参加招聘会,招聘者看我们的简历,就说我们的专业不符合要求,一个IT企业,招的是电话客服,也不需要你懂太多电脑,但是基本的知识要有,那个朋友以前是很能说的,特别在饭桌上经常侃侃而谈,但是一到了那种场合,他就不知道说什么,就是我一个人在那边说。他觉得自己在运动队和外面的人完全脱离了。刚出来,运动员和社会的关系,特别让人纠结和郁闷,感觉到自己和这个社会脱节。不知道什么是自己能做的,虽然不怕困难,但是真正面对现实的时候,心里一点底都没有,特别是那种有成绩的运动员,如果不在队里了,走出来,落差会更加大。他也是和我一样,刚退役出来,关系还在体工队,这一年来,也是待在家里,没有做什么,也没有报学习班,他人是很积极的,可是接触外面的人和事物太少。虽然他体育圈的朋友很多,但是圈外的朋友很少。造成这些的原因是我们把所有的时间和精力都消耗在运动队,与外界接触的机会就特别少,还有就是自己对自己的要求。

运动队是半军事化的管理,早上6点钟就要出操,晚上9点半就要回到宿舍,要查房,根本没有多少时间可以出去的,哪怕你出去也只是去那几条街,从街头走到街尾,中山路这块地方是我们最熟的,像外地到省里来训练的队员,来了3年了,也只知道市中心这几条街,其他都不懂。其实,不是我们不想,是我们没有这个精力,也没有这个时间。平时周六上午要训练,就下午放假,我们会去街上吃点好吃的,周日早上不出操我们会睡个懒觉,一觉睡到中午,半天就没了,所以没什么过多的时间,都是在房间里消耗。

在访谈中,运动员反复强调"外面的人",运动员眼中"外面的人"是指没有运动训练经历的人,他们站在"体育圈外"看待"体育圈内的人"。一方面是强调"外面的人"与"体育人"的不同生活方式和情感体验,他们无法理解运动员的运动经历和认同运动经历带给运动员的特殊性。另一方面,也是指"体育圈内的人"无法融入"外面的人"的社会。

运动员在运动队的物质生活条件相对于同龄人来说还是较之优越的。研究者还走访了某省运动队的运动员宿舍和食堂,条件、设施相当不错。该省在2011年新建了一栋运动员大楼,18层的电梯公寓,每个房间大概20平方米左右,房间内带独立的阳台和卫生间并安装了空调,卫生间24小时供应热水,根据运动成绩安排,一般是2~4人一间。食堂分为上下二楼,二楼为全国前八名的运动员用餐点,伙食标准每人每天80元,一楼标准每人每天 60 元。运动队除了每年为运动员免费发放训练、比赛用的装备外,还会发放运动员一年四季的服装穿戴,虽然大都是以运动服为主,但品质、质量有保障,运动员无须另外花费购买服装。加上每月为运动员发放的工资津贴、比赛后的奖金,与在校的同龄人相比,运动员的待遇还是相当不错的。

206 花样游泳> - § 已编码 1 个参考点 [6.76% 覆盖率]

运动队比学校更自由,除了训练要听教练的,其他的时间可以做自己的事情,而且不用动脑筋,很多事情不用你去想,教练都帮你考虑好了,像在学校回到家里,还会做很多事情,在队里吃不用愁,穿也会发,只要管理好自己的训练就好了,整个人的状态很放松,身体虽然疲劳,但是思想上的状态是很轻松的,比赛前可能会紧张,其他就不像有学习那么大的压力。

的确,在运动队运动员所需要专注的只有训练,"只要把训练管好了,一切都无后顾之忧"。但当运动员从专业队退役时,一切都只能靠自己,"走出来"似乎也有走出"体育圈"融入社会的语义。

3.2.5 训练现状

运动训练是竞技体育活动组成的主要部分,以提高运动员的竞技能力和运动成绩为目的,在教练的指导下,专门组织的有计划的活动,只有遵循科学地训练规律,运动员的竞技能力和运动成绩才能有所提高。[①] 20 世纪 60 年代开始"从难、从严、从实战出发、大运动量"的"三从一大"训练原则,多年来一直是我国竞技体育训练的指导原则。虽然这一原则在发展过程中时时引起争议,提法也一度减少,但"三从一大"原则从未被替代,近年来,当人们重提这一原则时,内涵不断地被丰富。回顾早期的"三从一大"原则,忽略了其科学训练,片面的理解"三从一大"就是苦练,将"大运动量训练"等同于增加训练次数、延长训练时间、加大训练量。这种"时间战"的思想,消耗掉运动员大量的精力、体力,运动员难以在训练之外,再有额外的时间和体能进行高质量的"文化学习",学习对于在役期间的运动员来讲,只是走过场的形式。运动员在训练中体会最多的只有苦和累,大部分运动员都表示在运动队训练太累,每周能坚持运动队的学习要求已实属不易,确实没有更多的精力和时间进行自学。以下是运动员对运动队训练谈的感受。

---

① 全国体育院校教材委员会.运动训练学[M].北京:2007.6:12.

101 水球 > - § 已编码 1 个参考点　[3.55% 覆盖率]

我眼睛不好,训练、比赛的时候又不能戴隐形眼镜,我戴的是角膜塑形,就像隐形眼镜一样,晚上睡觉时戴一个晚上,白天视力会变好。但是这种镜片是硬的,每戴一次都流好多眼泪,刚开始我也在犹豫要不要买,后来为了打球还是下定决心买了,戴着再疼也在坚持。

102 水球> - § 已编码 1 个参考点　[6.22% 覆盖率]

以前我是那么女人的一个人(模特),突然就让我变成守门员天天被球打。开始被打真的很痛,痛得眼泪都止不住,那段时间真是练一堂课,哭一堂课。从来都没有挨过打,家里人都舍不得打我,现在天天都要挨打。后来打惯了,也就无所谓了。

104 游泳> - § 已编码 1 个参考点　[2.07% 覆盖率]

我们与一般学校的学生有着很大的区别,他们永远都不懂当运动员的累。我们有时候累得想哭都哭不出来,都不知道该怎么办了,所以我觉得学习和训练是两种不同的东西。

107 水球> - § 已编码 2 个参考点　[6.69% 覆盖率]

星期二、星期四上午的时候,运动队有安排上课,如果要上文化课就得出早操,那就要早上 6 点起床,游完 1 万米的量再去上课,还是挺艰难的。教练不会鼓励你去学习,运动队是能训练就训练,能不去上课就不去上课的氛围。中国的运动队也没有一个很好地学习环境,就觉得那段时间还是浪费了很多学习的时间。而且那时候很小,有些时候你该做什么不该做什么也没有人来教,完全都是靠自己。

201 游泳> - § 已编码 2 个参考点　[4.23% 覆盖率]

在学校每天都要重复学习几门课程,做作业,运动队也是同样的枯燥,每天重复着训练的动作。读书就是想考个好大学,将来找个好工作;游泳就是要告诉自己一天要比一天强,就是想要站在金字塔的顶尖。

203 跳水> - § 已编码 1 个参考点　[3.89% 覆盖率]

妈妈在运动队期间也经常督促我的学习,她给我请了很多家教,但是没得那个气氛学不进去,我是正式离队了后才有心思去学习的,在队上根本没有心思去学习。本来就很累了,每天最重要的事情就是为了训练,好像每天生活就是围绕训练、为了训练而过下去的,训练是最主要的生活方式,除了训练就没有心思去顾及其他的,平时能休息就尽量休息。

304 游泳>－§ 已编码 1 个参考点　[3.77% 覆盖率]

在训练上,我从来不偷懒。我的柔韧性不好,经常在寝室里拉拉韧带,教练只要说明了,你要加强些什么,都会在训练之余自己加强练习。放假回家,我也会自己去练习,跑步、练些力量什么的,保持自己的训练水平。周末只放一天假,教练会要求我们在周日的时候,自己去游泳馆游泳,我都会很自觉地去。

305 花样游泳>－§ 已编码 1 个参考点　[3.16% 覆盖率]

比赛任务紧张,训练下来也很累,但自己会坚持看书、学英语和写训练笔记。但有时太累了,只想躺着休息。

运动队的训练非常"枯燥"、也非常"苦";运动员在训练中不会"偷懒",训练之余对自己不足的地方还会经常"加练",即使经常"累"得想哭,但也会咬牙"坚持"。运动队不会因为学习而耽误训练,如果当天有课程安排,就必须得牺牲休息时间,保持大运动量后进行学习,但有时"累"得什么都不想做时,也就不想学习了,诚然,运动队也没有为运动员营造良好的学习氛围。

3.2.6　运动队退役机制

运动队对运动员的训练规划是依据每四年一次的全运会划分的,再根据运动项目和运动寿命的差异大体制定运动员的训练年限。所以,对运动员的选拔和退役的安排,通常是在全运会年后的第一年。运动员退役主要有运动员的运动技能因素、运动员年龄因素和伤病因素等因素。一方面运动队为运动员的运动训练建立优越的训练保障,另一方面运动队的淘汰率也是相当高的,运动成绩不佳的运动员即便是自己还有很强烈的训练意愿,运动队也会强迫运动员退役。

201 游泳>－§ 已编码 1 个参考点　[3.01% 覆盖率]

我退役的原因,一个是因为年龄,另外一个是因为我的成绩,自己觉得已经达到了我的巅峰,毕竟4年一个周期,再耽搁4年没有人会为你的青春买单。开始是我个人单方面的意愿,之后领导确实是对我也看不到希望了,也就没什么办法了。退役前,我也非常的徘徊,也有很多的不舍。只是觉得运动成绩已经到顶了,可能再也走不下去了,想退出这个运动圈了,就是纠结的感觉。

202 跳水>－§ 已编码 1 个参考点　[3.15% 覆盖率]

我是因为伤病退役。那个时候自己的水平还是不错,但是伤病也比较多,上新动作的时候经常走神,腰部受过几次伤,新伤加上老伤,医生说的确不能练了,还要继续练下去就得跟队上签合同,出了事情不负责,2010 年 9 月份的时候腰部又受了一次重伤,10月份的时候就决定退役了。

203 跳水> - § 已编码 1 个参考点　[1.64% 覆盖率]

退役前,教练说我没有发展前途了,我其实还很想再练的,和教练交流后开始教练也同意了,但是因为全运会结束队里人员进行大调整,领导就提出让我下队了。

204 跳水> - § 已编码 1 个参考点　[5.72% 覆盖率]

由于在一次陆上训练时注意力不集中导致左肱骨内上髁骨骨折,只好在家养伤,好不容易养好伤归队却感觉到异样氛围,当时省运动技术学院各部门领导正在换届和内部调整。教练和教练之间也有矛盾,然后我就是牺牲品,就彻底没有练了。

205 跳水> - § 已编码 1 个参考点　[3.03% 覆盖率]

退役是因为我自己不想再练了,从小接触体育,十几年了,各方面都觉得疲惫,开始教练和领导都不同意,极力挽留我,但是我坚持不去训练,最后他们也没有办法,就同意了。

302 游泳> - § 已编码 1 个参考点　[6.21% 覆盖率]

我退役是因为自己确实没有什么前途。在体育学院读书后,发现其实自己各方面的训练条件都不是很好,能进专业队,都是因为当初业余体校的教练让我们提前进行专业化训练,成绩挖掘得比较早的原因。记得,当时教练给我说,让我下队,对我来说简直是晴天霹雳,我才 15 岁,平时训练也很刻苦,自己认为在运动方面还有很长远的发展,从来没有考虑过我走出运动队后,该如何生活,那种惊慌失措和无助感到现在都还清楚地记得。

303 游泳> - § 已编码 1 个参考点　[7.57% 覆盖率]

队友都走了,自己想走,走不掉。有个外省的队友,同我年龄一样,很早就下队去北体读书,自己当时也很想下队,但是没办法,下不了队,也想过去其他的单位,但觉得自己除了会游泳外,对其他的完全无知,去了能干什么? 但是如果成绩不好,早一天下队,还可以早些读书,那个时候想早些下队都不行。

304 游泳> - § 已编码 2 个参考点　[4.76% 覆盖率]

当时是自己主动提出来,不想再练下去了,教练和系领导都不同意,他们就认为我还可以练,拿个全国前几名都是可能的,但是我那时已经没有自信了,受到打击了,的确不想再练游泳了,一看游泳就觉得烦,已经厌烦了。

我是自己坚持要退役，不想再训练，和队里的领导、教练闹了好长时间才强行离队的，所以他们不会再帮助考虑你的事情了。我的退役分配是分回原父母单位，凡是有包分配就不会再派发退役费，但是我不愿意回去，所以退役费也没有，工作也是自己找的。我的人事关系一直是挂在队里，挂了好多年。

谈起运动员退役，对运动员来讲都是对当初残酷现实的回忆。运动员进专业队后，把世界冠军的梦想，转变为全国冠军，但是现实中，又有几个人能获得全国冠军呢？只要没有获得过奥运会冠军，从事竞技体育的运动员对自己的运动生涯始终会抱有遗憾，即使是成绩较好的运动员，退役时也会有惆怅、不舍、彷徨等情绪。运动员退役时，除了上述因为运动技能、年龄、伤病等因素顺利退役外，大部分运动员在退役时，其实并不顺利。运动队根据队伍的设置，会挽留部分运动成绩稍好但不愿意再继续训练的运动员，这部分运动员在退役时，会和领导、教练发生较大的冲突，出现摩擦。运动员这时如果强行要求下队，即使在运动队期间获得再好的成绩，退役后的安置也不会如运动员个人所愿，这部分运动员被迫留下来训练，"自己想走，走不掉"；而运动成绩不突出的运动员，即使还愿意训练也是"想练练不成，淘汰没商量"。

3.3 运动生涯的权威人物——教练员

3.3.1 教练员与运动员的三种关系

教练员与运动员是运动队人员构成的主要成分，是从事竞技体育最基本、核心的关系。他们生活在同一集体中，有着共同的目标，各自承担不同的职责及任务。首先，教练员是运动队管理工作的重要决策者，运动队管理工作的主要任务和核心工作是搞好训练，而教练员是训练过程的主要设计者和组织者；其次，教练员是运动队中的信息沟通者，向下清楚和掌握运动员的生理、心理、情绪等状况，向上及时为领队、运动队管理者提供运动员的全面情况；最后，教练员是运动队人际关系的协调者，调动好运动员的训练积极性，协调好运动员与运动队各成员之间的关系。[①]

---

① 全国体育院校教材委员会.运动训练学[M].北京:2007.6:451-453.

　　教练员与运动员的关系对运动员身心发展以及运动生涯发展都有着举足轻重的作用。和谐的教练员与运动员关系不仅能够促进运动员运动成绩的提升,推动运动员到达竞技能力的顶峰,还能促进运动员个人和社会能力的协调发展。教练员时常关心运动员,和运动员关系融洽,对于训练的氛围起到了积极作用。如果运动员和教练员关系处于僵持阶段,则训练的效果会大打折扣,事倍功半甚至浪费时间。

　　访谈中,发现运动员在谈及与教练员关系时,运动员眼里的教练员大多呈现出一种多角色的关系模式,最常使用的是"家人、师徒、朋友"等三种角色。以下这段话,是一位职业过渡期的女子水球运动员叙述的,她按照自己成长的角度,顺着时间轨迹,归纳了她与教练的三种关系。

207 水球 > - § 已编码 1 个参考点　[5.63% 覆盖率]

　　运动员与教练之间会出现很多不一样的关系。我们与教练相处的时间较长,少则五六年、多则十几年。小时候,运动员与教练之间像是父子关系,一日为师,终身为父嘛。再大一点后,就像老师一样,教练不只是要教我们如何打球,还要教我们学会处理生活中、学业中遇到的各种难题,所以也是人生的老师。再大一些,就像是朋友了,我们思想也成熟了,很多事情相互间都可以商量了,随着心态、年龄的变化,沟通的方式也变了很多。像现在,我认为我和教练就是朋友。

　　运动员与教练员呈现出"家人、师徒、朋友"等三种关系,运动员从小离开家,生活在运动队接触到最多的成年人是教练,教练不仅要管理运动员的训练,还要负责照顾运动员的衣食住行,特别是在运动员生病期间,必须得像父母一样,对运动员无微不至的关怀,给予运动员足够的"安全感和归属感",长此以往,运动员也渐渐开始"依赖"教练,信任教练。随着运动员竞技水平的提升,运动员对教练的执教能力也提出要求,期望教练能够利用自己的专业能力,促进运动员竞技水平的提高,这一时期,运动员与教练的关系呈现出"师徒关系"。随着运动员的成长,运动员的竞技能力提高,对项目规律的理解更为成熟,有着自己的见解和看法,在训练与比赛中偶尔与教练看待事物时会出现差异性,这时运动员希望教练能像朋友一样,与自己探讨。训练之余,教练也是运动员最熟悉与亲近的人,运动员希望能和教练平等交流,叙事聊天,在事业、生活、情感上能给自己良好的建议、合理的引导。

3.3.1.1　师徒关系

104 游泳 - § 已编码 1 个参考点　[1.54% 覆盖率]

　　对于教练,我会尊敬他,我认为有的教练适合做朋友,有的教练就适合做尊敬的师长。

301 水球 > - § 已编码 1 个参考点　[7.75% 覆盖率]

古人有句话"一日为师,终身为父"。教练在我的心目中永远都是老师和长辈,那是我一辈子都要去尊敬的人,记得教练常对我们说的一句话就是"师父领进门,修行在个人",我之所以有了今天的一切,除了个人的努力之外,当然更离不开教练当初把我领进这一道门。教练没有我,他也只是少了学生,而我没有当初那个领我进门的教练,也就没了今天所有的一切。

304 游泳 > - § 已编码 3 个参考点　[4.81% 覆盖率]

我经历的教练有很多,有体校教练、有专业队的教练,专业队教练就好几个,还有水球队教练。专业队的教练和我接触的时间长,我最忘记不了的 L 教练,他是个知名的教练,曾经带出过亚运会冠军。我训练期间非常的配合他,我算是他的最后一拨弟子了。他在我心目中,首先是一位老师,因为他在专业上有渊博的知识,训练上很有经验;其次他是一位慈父。对待他,我有一种一日为师,终身为父的感觉。他充当了我半个父亲的角色,他不仅在训练上会主动和我沟通,生活上的想法和需求,他都会主动问你,包括住宿、饮食、穿着、语言表达等都无微不至地关心着,我觉得他完全起到慈父的角色。

3.3.1.2　家人关系

102 水球 > - § 已编码 1 个参考点　[2.59% 覆盖率]

和教练感觉就像是一家人一样,因为每天接触得最多的人就是教练,每天待在一起的时间都很长,又不能回家。晚上教练们会轮流值夜班,值班的时候就住在队里。

103 水球 > - § 已编码 1 个参考点　[3.02% 覆盖率]

有一年春节,备战全运会,队里不放假,不能回家吃饭,教练就把我们全部都叫到他家里去,一起做饭、一起吃饭、一起收拾东西,觉得很温馨。春节我们就放假半天。

105 游泳 > - § 已编码 1 个参考点　[5.33% 覆盖率]

训练场上他很凶,是一位很严厉的教练,生活中对我们比较关心,我们的父母不在身边,接触的最多的(成年)人就是教练,他像我们的爸爸妈妈一样。他会一直鼓励你,让你沿着(运动员)这条路走下去。

106 水球 > - § 已编码 1 个参考点　[6.68% 覆盖率]

教练该骂的时候骂我们,但该给我们争取机会的时候都会去争取。比如:我们要发奖金、补贴,教练都会为我们争取到最多,老队员退役也会为队员想好后路,即使是搬房间,这些小事情,也会为我们考虑周到,很多细节比我们想得周到,都在为我们争取,想办法。跟国家队相比,地方队的教练更显亲切,很多事情都是地方队教练帮我张罗,有归属感。

107 水球> - § 已编码 2 个参考点 [3.56% 覆盖率]

我遇到的教练对我都比较好,就我自己而言,我还是想跟教练有更多的接触,因为我在家里和父母,除了父母关系,还会有一层朋友关系的交流。而教练我也希望是这样,除了教练,也可以作为朋友来交流。我记得书上写女运动员心里面会特别依赖教练,因为教练就像你的父母一样的感觉,所以说对教练还是比较依赖吧。

206 花样游泳> - § 已编码 1 个参考点 [3.60% 覆盖率]

我们教练比较年轻,她是刚退役就带我们,对于我来说是姐姐的角色。那会儿年龄小,什么事情都给教练说,生病了教练也要负责管理。

207 水球> - § 已编码 1 个参考点 [2.87% 覆盖率]

我手臂受伤了,教练会让你调整,到第二天还会追问你,昨天手的伤怎么样了,这和父母有什么两样呢?让我感动的是他能记得每一个队员的情况。有时候过年过节他也会组织大家到外面吃个饭,大家就像一个大家庭一样。

303 游泳> - § 已编码 1 个参考点 [3.18% 覆盖率]

教练亲如父母。从小离开家庭、离开父母到运动队训练,那时同父母之间只有书信来往,任何事情都只能依赖教练,教练就像自己的父母一样,无微不至的照顾我们。有一次我发烧,早晨6点多,教练骑车载着我就去医院输液,一直陪着我,回来后,带我到她家里面,给我熬汤,煲粥。

305 花样游泳> - § 已编码 1 个参考点 [3.74% 覆盖率]

花样游泳是一个周期比较长的运动项目,要求运动员从小学时段开始就要从事有关方面的训练,我认为教练员在此所扮演的角色更多的应该是母亲、引导者,最后才是教练。

3.3.1.3 朋友关系

104 游泳> - § 已编码 1 个参考点 [7.81% 覆盖率]

教练像朋友,在训练上他是教练,是老大,在生活中,他给我们的感觉就是一种朋友的感觉。我们教练是个开朗的人,突然有一天他就不讲话了,我们就会问教练你怎么了。然后我们就在下面讨论,那几天的话题都是教练,跟别人讨论完自己再想有没有做错什么。我们不是怕他,是尊重他,发自内心地像朋友一样关心他。

106 水球> - § 已编码 1 个参考点 [6.68% 覆盖率]

提起教练,更像是我们的朋友,我们都亲切地称呼他"老大",有什么样的事情,都有老大撑着。我们对教练都非常的信任,除了信任,教练还给我们很多安全感。

<u>207 水球></u> - § 已编码 1 个参考点 [2.87% 覆盖率]

训练之外和他聊自己的学习,生活中买房的事情呀,他都会给我们很好的建议。

<u>305 花样游泳></u> - § 已编码 1 个参考点 [4.09% 覆盖率]

与教练的关系,我希望能成为值得信赖的朋友、兄长或长辈,能够交心,真诚、理解和相互尊重。但是现在想想,能达到这样的效果,好像在我国还是不大可能成立,首先教练员和运动员之间的关系,有时是矛盾的,教练员需要你尽力,再尽力,努力或超额完成他想要达到的训练目的,而有时运动员即便努力了,可教练员也还未必满意,反之,运动员有时有惰性,或心情不好,或身体不舒服,就或不能全力投入训练。中国很多训练并没有遵循项目规律特征,进行科学的训练。

社会共生理论认为"共生是人的基本存在方式"。按照运动员对教练的诠释,"师徒、家人、朋友"三种关系,双方建立起一种相互依存、谁也离不开谁的一种更为独特的、亲密的、丰富的共生关系①。"3C 理论"指出教练员与运动员之间的情感、思想以及行为是相互影响的,亲密性、责任感和互补性分别表述了人际交往过程中教练员与运动员在情感、认知以及行为上的反应。② 其中,"责任感"表示教练员与运动员目标、价值观、信念等方面是一致的,双方有长时间维持相互关系的意愿。这一概念诠释了教练员与运动员的最核心的一对关系——"师父关系",即教练员最本质的角色——"师傅角色"。教练员是运动训练过程的决策者、设计者和组织者,利用全面的基础理论知识,坚实的专业知识,指导运动员进行科学训练才可能培养出高水平的竞技选手。高水平运动员对于教练的竞技期望值较高,更加看重教练的专业水准,责任感较高的教练,具有相对较高的职业精神,能在训练过程中不断学习和探索项目规律,有较高的执教能力。师徒间必须长时间的保持目标、价值观等的一致性,协调配合,才能使运动员创造出优异的成绩。"亲密性"是教练员和运动员的情感纽带,反映双方接近的情感程度,诠释了教练员与运动员的"家人关系",教练在运动员心目中是长辈,给予运动员家庭般的温暖,与运动员建立相互信任、相互理解,互为依赖的关系。"互补性"则说明了教练员与运动员的互动与交流,运动员期盼与教练员进一步建立的"朋友关系"。运动员非常看重自己的教练,希望教练在生活中关心、接近、爱护自己;同时,教练员也应该设身处地地去体会运动员的内心感受,细

---

① 郭修金.我国教练员与运动员社会共生关系的主要类型及其基本特征[J].天津体育学院学报,2011(6):531-534.

② 费郁光.3+1Cs 理论模型及其应用:教练员与运动员关系的理论研究探析[J].北京体育大学学报,2008(6):802-804+831.

致地体察运动员的内心变化,让每一位成员都有机会表达自己的愿望及想法,使运动员在与教练员的交往中能够自由地与教练员交换意见,坦率地表达自己的思想,坚持自己的判断,让双方的关系更加和谐,使教练员与运动员这对共生体有共同的目标追求。而进一步研究发现,以运动水平高低为变量,运动成绩较好的运动员比运动成绩不突出的运动员与教练的关系更加融洽,且教练的满意度较高;以角色为变量,男性运动员对教练员的期望值较女性运动员更高;以运动项目为变量,个人项目的运动员对教练的信任度较低,集体项目对教练的信任感相对较高。

以下是一名15岁的女子水球运动员,真实、可爱、贴切地表达出自己对教练的看法。

101 水球> - § 已编码 1 个参考点 [5.70% 覆盖率]

我喜欢吃糖,我把教练、老师、父母三者比喻成为三种糖。父母对我来讲,是软糖,他会很温暖,很温馨,会告诉你是软糖;学校的老师是硬糖,你在有限的时间里,你去吸取他带给你的东西,你学到多少,那有多少就是你的;教练是夹心糖,外面是硬糖,里面是软的,第一时间你看到他是硬的,是严厉的感觉,但是他让你去努力,当你用力去咬他的时候,你会发现他会关心你,会感觉到那种温暖。

在她的心目中,教练既不像父母那样不计较付出的给予运动员全部的温暖,也不似老师那样,只是在学校的有限时间里对学生传授知识,在运动队里,教练涵盖了父母、老师的角色,运动员眼里优秀的教练外表坚毅、严厉(训练场上),内心柔软(生活中),注重运动员个体发展,能够尊重运动员与运动员平等的交流。

3.3.2 教练员对运动员的管理

专业运动队运动员的管理主要是教练员负责制,教练员除了负责运动员的训练、比赛以外,还要管理运动员的生活和学习,实质是兼任父母和生活老师的职责。相对于个人项目一般集体项目中的领队更容易参与运动员的事务管理。

3.3.2.1 生活管理自由

103 水球> - § 已编码 1 个参考点 [4.59% 覆盖率]

教练和领队年龄都比较大了,认为我们也是大孩子了,对我们的管理比较人性化,生活上让我们很自由,但是训练上该严格还是很严格。

202 跳水> - § 已编码 1 个参考点 [1.38% 覆盖率]

教练对我们生活上的关心很细致,记得小时候他发现我睡觉的被子太薄了,就亲自带我去"好又多"买了一套被子。

204 跳水> - § 已编码 1 个参考点 ［2.25% 覆盖率］

我有一个教练,每天一看到他就觉得很烦,天天挨打又挨骂。小时候觉得教练管得确实太多了,平时训练得好,休息时偶尔玩一玩还会干涉我,又没犯什么大的错误,所以说小时候一想到训练就烦。

207 水球> - § 已编码 1 个参考点 ［2.50% 覆盖率］

在生活上,教练会鼓励我们去学习理财,他教导我们要有理财意识,要存钱,学会自己打理钱财。我们都有发奖金,工资,他不会干涉到我们的奖金、工资怎么用,但会给我们建议。

教练员对运动员生活上的管理主要体现在两个方面:①时间管理细致。要求运动员生活必须规律,因为生活规律是运动员完成训练任务的保障。每支队伍的主教练都会根据运动队的场地、运动员的训练水平,制定科学、合理的作息时间,要求运动员必须遵守。制定的作息时间,包括每天的起床时间、就餐时间、训练时间、上学时间、午休时间、晚上熄灯时间,都会有具体、详细的要求。②管理比较具体,涉及方方面面。不仅包括衣食住行"带运动员买被子""生病时带去医院、为运动员熬药",还"引导运动员理财"。

3.3.2.2 训练管理严格

101 水球> - § 已编码 1 个参考点 ［2.13% 覆盖率］

H 教练训练很严格,人也很有威严,站在那里,都会让人觉得难以接近,会怕,接触不了他,也不敢跟他讲太多事情。

102 水球> - § 已编码 1 个参考点 ［11.29% 覆盖率］

教练就是守门员,所以他对我们两个守门员要求更加严格,我们一个技术动作没达到要求就会重做。有一段时间,自己停留在某个台阶一直就上不去,怎么守也守不到门,就特别懊恼,教练就开导我。说现在的我在一个台阶上,要咬牙坚持,然后就会攀上更高的一个台阶,说我如果咬牙坚持下来,就像农民伯伯种菜一样,每天都辛辛苦苦,到最后会有收获。

104 游泳> - § 已编码 1 个参考点 ［2.08% 覆盖率］

我们教练面对水平稍低的队员他经常鼓励,而对水平高的队员他会偶尔打击你的信心,激励你让你不断地往上走,他也会骂我们,但水平高的队员骂得更惨。

204 跳水> - § 已编码 1 个参考点 ［2.25% 覆盖率］

我经历过 6 个教练,我觉得最好的还是 Z 教练,虽然说小时候他也打我,我当时很仇恨他,但是后面他教会我很多为人处世的道理。他的训练水平很高,思路很清晰,制度明确,练得好私底下奖励你,练得不好,肯定要被惩罚。他还会给你树立正确的人生观,但是当时我太小了,又不懂,都是现在长大后才有体会的。

205 跳水> - § 已编码 1 个参考点　[3.28% 覆盖率]

我们教练特别明显,他觉得有发展前途的队员他就管,他认为你稍微差点就不管了,把你丢在一边。当时我状态好的时候,教练就管我一个人,不理其Z队员,后来就管Z队员不管我,而且只管训练不管学习。

教练员在训练上对运动员管理比较严格,打、骂现象偶有发生。个人项目的教练员容易出现只顾及重点队员,较少关注一般队员的情况。部分个人项目的运动员对教练员在训练上"偏心"的管理,表现出较强烈的失望。

3.3.2.3　学习管理松散

101 > 水球 - § 已编码 1 个参考点　[3.79% 覆盖率]

我们只有书可以看,各种书都有。书不会被没收,但是教练每天经常强调说不要躺在床上看书,对眼睛不好,影响打球。

103 水球> - § 已编码 1 个参考点　[6.35% 覆盖率]

教练有时候会和我们谈心,他说运动员虽然天天训练,但是学习也要坚持,你不会一辈子做运动员,迟早也会步入这个社会,学习是非常重要的,不能没有文化。领队以前是我们的语文老师,对学习上是比较严格的,学习上有不懂的我们都会去问他。有时候要求我们写总结,他就会批评我们,字写得太丑,错别字也会给我们圈出来。他在学习上对我们是有要求的,他说既要把球打好,也要有头脑有文化,两方面都必须得好。

105 游泳> - § 已编码 1 个参考点　[5.30% 覆盖率]

在学习上,教练要求我们尽量不要旷课,你能学多少是多少,因为教练也是运动员出身,退役后知道学习的重要性,所以他更多的是跟我们讲"你要学"。他会告诉你要学习,但他不会强求或者逼迫我们去学,假如你被他发现不学习,就会受罚。教练很关心我们,我们上课时,他会透过窗户看看我们的学习情况,看我们是在学习还是在睡觉或玩手机。

106 水球> - § 已编码 2 个参考点　[11.39% 覆盖率]

我们队伍在学习上几乎都做得比较好,在班里学习成绩算是名列前茅,教练不会过多干涉。但是如果犯错,他就会很严肃地批评我们,比较在意我们的学习态度,但是学习成绩怎么样,他不会在意。他认为每个人都有不一样的学习能力,有人这方面突出,有些擅长某一方面,不会有过多的要求。

有的队员利用业余时间到外面报班去学习,教练都非常的支持;在学校要求考试与训练发生冲突的时候,教练会鼓励你去考试,但是正常上课与训练冲突时,会允许你安排到训练之外。我们在大学期间补课,哪怕耽误半年、1 年,教练也是同意的。

201 游泳>- § 已编码 1 个参考点 [1.08% 覆盖率]

好教练会督促你、鼓励你学习,他虽然不会在学习上对你提要求,但是会正确引导你,怎么去读书,怎样去选大学。

202 跳水>- § 已编码 1 个参考点 [3.14% 覆盖率]

教练经常叮嘱我看报纸,让我了解时事、关注政治。按照我的运动成绩,退役后我还可以选择更好的学校,如大连外国语学校、北京的大学等,我跟教练说我要读现在这个学校,她都有些不高兴,认为我应该选择更好的学校,退役后还是很关心我。

203 跳水>- § 已编码 1 个参考点 [1.33% 覆盖率]

我的教练是一位有经验的老教练,在学习上她要求我们一定要去上课,不管有没有听,能否听懂,他觉得只要我们在教室里总会听到一些。平时经常鼓励我们学英语,看报纸,向我们队里一位爱学习的姐姐学习。

204 跳水>- § 已编码 2 个参考点 [7.04% 覆盖率]

教练对队员的文化要求不高,因为他自身的文化水平就不高,所以对队员也不能起到很好的示范作用,教练认为训练应该是第一位,文化学习不是那么重要。但现在部分年轻的教练接受了高等教育后,渐渐对运动员的文化有要求了,他们认为文化水平可以提高运动员对训练的理解度。

205 跳水>- § 已编码 1 个参考点 [2.39% 覆盖率]

教练在学习上对我的影响不大,所有教练都认为只要你有成绩了,还管什么学习呢?

206 花样游泳>- § 已编码 1 个参考点 [2.97% 覆盖率]

教练很少管到学习这一块,不会特别强调要好好学习,一般都是管理训练上的问题。除非教务处那边反馈过来了"某某上课不听话、旷课……",教练就会罚,罚钱或者加练,也不会让你去补课。

207 水球>- § 已编码 1 个参考点 [2.29% 覆盖率]

教练对我们的学业都很关注,给我们传递着正能量,他会告诉我们,女孩子在运动队待那么长时间,脑子是不能空的。我们的学习成绩他会看,如果有不及格他会生气;另外,会要求我们写训练日记,通过训练日记他能够了解我们的想法,还可以促进我们练字,他觉得我们动笔的机会太少了;会让我们多关心新闻,一个是体育新闻,一个是时政新闻。

<u>301 水球> - § 已编码 1 个参考点</u> [7.46% 覆盖率]

在文化学习方面教练对我的影响不是太大,当然不是我的教练文化水平不高,相反我的教练文化水平非常高。出口成章,还写得一手漂亮的字,那是我当时非常羡慕不已的事,不知道为什么这些让我羡慕不已的事情为什么没影响到我去向他学习呢,我自己到现在也搞不明白。

<u>303 游泳> - § 已编码 1 个参考点</u> [1.24% 覆盖率]

教练坚持让我们写训练日记,她可以从中得到运动员的身体反应,对训练的体会与理解。对于其他学习方面没有要求。

<u>304 游泳> - § 已编码 1 个参考点</u> [3.08% 覆盖率]

教练有时会告诉我们,抽空看看书,当然不是看小说。年终我们会写总结、训练日记,没去上学的时候,教练还会让我们每天写毛笔字、钢笔字;每年运动员会写年终总结,总结包括这一年的成绩、要求,自己的身体反应都会写到;新年开始,也会写新年计划。队里还要求每个队员在自己组上公开朗读自己的年终总结和新年计划,教练会点评。

编码显示有 16 个材料来源,22 个参考点谈到教练员对运动员学习上的管理。近年来,国务院联合四部委,颁发了一系列关于运动员文化教育和保障的政策性文件,强调运动员文化教育的重要性和具体实施措施。国家体育总局与各地方体育局都加强了运动员文化教育和保障工作,也取得了一定的成效。从访谈中看,有以下三种现象:①只有 4 位已经退役的运动员表示教练员不会关注自己的学业,其余的教练员都鼓励运动员认真学习,对运动员强调文化学习的重要性,希望运动员"即要把球打好,也要有头脑"。②教练员对运动员的文化学习虽然没有提出具体的要求,但是期望运动员学习态度端正,不能旷课、保证考试及格,如果发现运动员有旷课或者考试不及格现象,会对运动员"罚款和加练"。③除了要求运动员遵照运动队要求学习外,课余还要求运动员关注相关时事、政治、体育新闻、写训练日记、练字等。以上反映出教练员也在逐渐关注运动员的文化学习,但关注力度还不够,运动队"训练第一"的核心始终没有变,运动成绩才是教练员与运动员共同追求的价值目标。对学习的要求仅限于态度上,学习成绩不好、态度不端正的运动员即便惩罚,也是以训练形式作为惩罚,没有对学习形式上的促进;其次,教练员对运动员规定的学习内容,也是围绕运动训练而提出,目的是促进和加深运动员对本运动项目的理解。在对运动员学习的管理上,没有进行长远的规划,没有遵循运动员个体的需要。

3.3.3 教练员对运动员的影响

3.3.3.1 对运动员生涯规划的影响

计划经济体制下,运动员退役后,各级劳动、人事部门运用行政手段对退役运动员进行安置,那时运动员的安置基本上不存在问题。运动员的职业生涯规划由各级相关行政部门策划与安排。改革开放后,随着我国经济体制转轨,退役安置渠道不再顺畅,同时,20 世纪 80 年代、90 年代专业运动员数量大幅增多,退役运动员的安置出现严重问题,大量退役运动员出路不通。国家从 80 年代起,开始出台一系列政策,从以前的退役运动员以工作安置为主,转为发放一定比例的"退役安置费"鼓励运动员积极自主择业,以及鼓励运动员进入高等院校补充文化知识,等等。社会转型时期,要求教练员在运动员训练期间,不仅要规划好运动员的运动生涯,还应对运动员将来的成长有个长远的考虑,引导运动员进行职业生涯规划。

203 跳水> - § 已编码 1 个参考点　[6.34% 覆盖率]

教练根本就不会和我们谈退役后的事情,所以说自己根本就意识不到。运动队是比较封闭的集体,包括你现在回过头看,都是一个自己封闭的小世界,外界的东西接触很少。只要教练没有给我们通知任何事情,我们完全信息闭塞,因为毕竟小,大家都是这样的。我们所知道的是,只要进了专业队,一切都不用再理会,只要好好训练就行了,即使以后下队,国家也会为你安排。所以说对自己根本没有长远的规划,因为一切似乎都有组织安排,也不会担心那些事情,当然也没必要好好学习。

302 游泳> - § 已编码 1 个参考点　[5.16% 覆盖率]

做运动员时对退役有些模糊的概念,想到过这个问题,内心也希望有人在这方面进行引导,为我规划。父母离我们那么远,与我的交流不多,最多也就是一个月一封信,打个电话什么的,但是每次写信、打电话的时候,父母都会谈到这些,所以无形中我也需要这方面的引导。那时希望教练能担任老师和慈父的角色。除了教练以外,其他的人更不可能在这方面对我有引导了。对待物质上的哪些东西,真的不是很需要。那个年代,一个优秀运动员只要你有成绩,这些东西都是伴随着成绩而来的,你想要的都能实现。这个我是明白的,所以我需要的还是正确的规划和引导。

303 游泳> - § 已编码 1 个参考点　[6.63% 覆盖率]

教练几乎没有对运动员的人生有任何长远的规划,但似乎又感觉得到,教练方方面面都影响着你。教练是运动员出身,自身的文化底蕴不足,两耳不闻窗外事,一心都扑在训练上,运动员眼中只看到教练的勤奋。教练对运动员的人生并没有长远的规划,也不能引导运动员树立正确的人生观,唯一的目标就是好好训练,出成绩,以后同他一样做一个优秀的教练。在队上,我对自己的人生很迷惘,究竟该做个什么样的人,我的一生要如何走,一无所知。

304 游泳> - § 已编码 1 个参考点　[4.18% 覆盖率]

在运动队时,毕竟我们年龄还很小,需要有人在人生观、价值观方面进行引导,但这一方面的教育却很少,队里大家更多的只是关注运动成绩,教练也认为只要你有成绩,你有什么需要都能满足,要钱就能有钱,伙食标准会更高,发的衣服也会更高级,训练器材等,需要什么都能满足。但是,他其实忽略了,我那时候需要的不是这些,我需要的是他引导我如何做人处事,与我交流、探讨,如何使我的专业水准能再提升一个标准,如何能使我的运动生涯走得更高、更远。

305 花样游泳> - § 已编码 1 个参考点　[3.16% 覆盖率]

作为成绩至上的运动队,由于常年的成绩压力,教练在日常生活中难以对运动员的人生起到客观的引导作用,以夺取金牌为唯一目的,无法引导运动员树立正确的人生观和价值观,部分运动员在退役后对社会难以适从,甚至走上歧途。

在谈到运动员职业规划的内容时,角色转型期和退役后的运动员更有体验,沟通的也更多,表达愿意强烈,也更丰富。而在役期队员可交流的相关内容则很少,因此,编码时未采集到相关内容。从访谈中看,一部分运动员在运动队时已经对将来退役后的转型和走向有些模糊的认识,迫切需要有人对他们职业生涯进行规划和引导;还有一部分运动员却在运动队糊里糊涂,从未考虑过自己退役后的生活,对退役后的人生毫不关心,只想着一切有领导安排、教练指导。运动员在运动生涯期间,除了父母以外,唯一能为运动员进行生涯规划和引导的只有教练员和领队,而两者对运动员的生涯规划引导还存在观念意识不到位、行动不给力的现象。出现这种现象,①体育行政部门始终是把运动员的运动成绩作为衡量教练员水平和各部门业绩的唯一指标,对领队、教练员下达的相关任务不够;②对运动员的职业规划认识不足,未从运动员个人成长与发展来考虑问题,制定政策和措施不力;③教练员自身的认知和能力导致。

3.3.3.2　对运动员品德教育的影响

教练员是运动员在运动队接触最多的人,运动队的环境赋予教练员多种多样的职责、功能,要求教练员根据运动员的期望以及面对处理不同的事务时,扮演师傅、家长、朋友的角色。教练员除指导运动员训练之外,还负责管理运动员的生活、学习,对运动员进行道德教育。

101 水球> - § 已编码 2 个参考点 ［5.28% 覆盖率］

我觉得教练对我的影响挺大,因为毕竟现在我们生活环境跟教练接触最多的,比父母接触都多。我们是强肢体对抗项目,训练中队员之间时时都会有一些冲突和摩擦,教练会把这些冲突给我们捋清楚,他说在场上出现错误都不是单方面的,都是双方的,他处理事情都是站在双方的立场,顾及双方的感受,很公平。

教练每天集合的时候就会说一些昨天的事情,把他的感受,一些道理告诉我们,教我们以后该怎么做。

102 水球> - § 已编码 1 个参考点 ［5.40% 覆盖率］

我在水球队成立前已经在外省训练过一段时间,有水球训练的基础,刚回队时,教练就对我说,他很多年没接触水球了,水球的新东西他也有很多不懂,你现在应该帮着教练把新的东西教给队员,不仅要教她们,还要教给我。当时我就纳闷,怎么会有教练这样和队员说学习、谦虚的话。教练虽然姿态低,但还是很有实力的,我们从他身上也学会好多东西。

103 水球> - § 已编码 2 个参考点 7.01% 覆盖率

L 教练对我的影响很大,他是我的水球启蒙教练,一直带到现在,对我们的影响不只是训练上的,体现在各个方面。教练年纪较大,训练经验丰富、训练水平也相当高,在做人、做事方面也教会了我很多。L 教练是我国最早一批水球运动员之一,退役后,一直是做的游泳教练,省队成立队伍时,才开始做水球教练,他经常对我们讲,不是他教我,是他和我们一起共同学习水球。除了训练,在生活上他就像我们的朋友,不会板起教练的架子,和蔼可亲,他可以跟你聊天,什么都聊,把他以前做运动员、教练的事情和我们分享。教练平时很和蔼,但是在训练上对我们有要求,还会和我们玩微信。L 教练和我们在一块的时候,我们称呼他老前辈,他都会说,"不不不,我还是新人,在水球届里我们是最晚的,我还得多向你们学习",姿态放得特别低,很谦虚。

106 水球> - § 已编码 2 个参考点 ［4.53% 覆盖率］

教练能左右运动员看待问题的态度,他的思想可以影响我的一生,教练的很多价值观可以言传身教地传给我,有时他提到我有不足的时候,说得特别好,我就能全部记住。我有困惑,想不通问题的时候,教练经常让我们换个思维,换个角度想问题,教给我们很多做人的道理和方法。

201 游泳> - § 已编码 1 个参考点 [2.44% 覆盖率]

有些教练会像 S 教练、W 教练他们都是把你往正道上领的人，他们会不停地教育你，除了教授你专业技能之外他们也会不停地教育你做人。

203 跳水> - § 已编码 1 个参考点 [5.19% 覆盖率]

教练在专业技术上是很厉害的，但是我觉得他们不是很好的教育者，他们只为了单方面提高我们的运动成绩，忽略了对我们人格的培养。教练自身脾气暴躁、也比较自私，为人处世时不会考虑其他人的感受，只愿意按照自己的性子来，他的这些性格潜移默化地对运动员也有影响。我们在运动队时也比较自私，只顾自己，除了训练什么都不关注。一是因为没有好的示范，二是不注重对我们个人修养的教育，包括品德教育，因为他自己在这方面就欠缺。

205 跳水> - § 已编码 1 个参考点 [5.01% 覆盖率]

我的教练只有二十几岁，他是因为运动成绩较好，退役后直接留下来做的教练，在队上也同我们一样，不怎么学习，退役后也没有再继续补，我不质疑他的训练专业性，只是质疑他们的文化学习。

206 花样游泳> - § 已编码 1 个参考点 [5.97% 覆盖率]

我从小就在外面，很少回家，是我小时候艺术体操的教练，教导我学会做人，对我的性格形成有很大的影响。教练认为，运动员不一定能出成绩，但做人很重要，学习也不能放松。一直到现在，我都很感谢艺术体操的教练，这么多年了，我们也偶尔会碰面，她都会给我很多建议，告诉我应该要怎么做。

207 水球> - § 已编码 2 个参考点 [8.71% 覆盖率]

后来的教练，就像我的导师，那时候我十七八岁了，那几年比赛开始增多，人也变成熟了，也成为场上的主力，教练不会管得特别严，很多时候只是给我们建议，让我们自己去处理，但是在每一周的周会里都会给我们讲很多人生观的东西，包括怎么样做人，怎么样去努力做事，怎么样去完成自己的学业等。每次一听他讲完，都觉得特别有道理，人突然就有精神了，下一周的训练就会充满动力，他一方面是在言传，另一方面也是身教。他最常说的一句话是："机会是留给有准备的人。"对我的影响也很大。

301 水球> - § 已编码 1 个参考点 [2.37% 覆盖率]

教练员就是师长，他的一言一行对于运动员的影响非常大。通过和教练员长时间的生活和训练，运动员会受其感染，形成相似的世界观、人生观和价值观。

305 花样游泳> - § 已编码 1 个参考点 ［7.99% 覆盖率］

教练对我运动生涯影响来自两方面,一方面是正面的,我的教练是坚韧、执着的女性,也许是花泳赋予了她们这样的特性,从小对我们的品格教育非常严,耳濡目染,我们的付出都是为了理想和荣誉;另一方面是负面的,成年后自己的人生观与运动队已有些格格不入,整个队伍和教练的摩擦也很白炽化,与教练经常发生矛盾。我认识到,教育授予学生的不能仅是技术,更是整个心灵的成长,将心比心,站在对方的角度思考问题,平衡得失。主教练对我的文化学习方面没有直接影响,只是让我更加清晰地认识到,除了专业技术,必须要加强文化学习来做一个全面的社会人。助教一直是全部队员心中的偶像,具有极强的人格魅力,昔日的国家队队员、流利的英文、国际裁判的头衔,如今还在学习法文,她诠释着"学无止境",是我们的榜样。

教练员一方面通过有计划、有组织的运动训练、周会等形式对运动员进行有意识的、显性的品德教育;另一方面,教练员的人格特点,也通过和运动员的直接接触,潜移默化地影响运动员的价值观念和处事态度,无形中对运动员进行隐性的品德教育。平易近人,和蔼、谦虚,处理事务公正、公平,热爱学习,关心运动员,适时地为运动员提出合理的建议,为运动员树立正确的人生观和价值观的教练员能够得到运动员的理解和认同,同时长时间的影响也使运动员效仿。而一个自身脾气暴躁、自私,以自我为中心,无法设身处地为运动员着想的教练员,则容易带给运动员负面的影响,难以培养运动员良好的道德品德。从编码看,个人项目运动员、运动成绩不突出的运动员谈到过教练员对自己的负面影响,还有部分运动员认为,自己在训练期间非常努力、刻苦,运动成绩没有达到应用的高度,与教练员的专业水平相关。另外,运动员非常看重自己的教练,关注教练的一言一行,教练对运动员的一个眼神、一个鼓励会让运动员兴奋不已,调动运动员的所有积极性;而教练对运动员的视而不见会让运动员产生较强烈的失败感和挫折感。

3.4　运动员学习行为实然状态

3.4.1　运动员的学习认知

3.4.1.1　进专业队前的学习情况

运动员进入专业队,不仅能够享受到体育津贴,重要的是由此转变为具有国家事业单位编制的人事身份,运动员人事批准要经过所在的省或者市人力资源和社会保障厅等相关部门的指导下,按照有关文件规定的程序和要求进行,其过程需要一定的时间。在这期间,虽然运动员的食、宿、训都在专业队,但依然就读于常规的普通学校,上课时间虽然略有缩短,但基本上能保持有计划、系统的学习。

104 游泳>－ § 已编码 1 个参考点 [3.11% 覆盖率]

读书的时候成绩中等,唯有运动出色。

106 水球>－ § 已编码 1 个参考点 [2.48% 覆盖率]

一读小学,就开始业余训练,上午在正规的学校里上学,下午参加训练。即使读半天,小时候学习成绩也很好,进入专业队前已经小学毕业。

107 水球>－ § 已编码 1 个参考点 [3.02% 覆盖率]

小学还没毕业就进入专业队了,在小学的时候我学习成绩很好,只上半天课还能考前几名,也没有想到会变成现在这个样子。进专业队后,学籍还挂靠在普通的中校,也代表过该学校比赛,考大学时是专业队所属的运动技术学院开的学籍证明。

201 游泳>－ § 已编码 1 个参考点 [4.26% 覆盖率]

我们与一般学生是有区别的。因为我们属于走读生不占班上的平时成绩,所以老师在作业和关注度上对你都不是很在意,并且我们在学校只学习上午的课程,落下了下午的课程,隔天就会有许多听不懂的地方。会参加考试,但小学的课程还不是很难,考试的成绩老师也不会在意。学习成绩出来后教练会关注,虽然学习时间比别人少,但是学习没有因此落下,平时考试成绩在班上处于中上水平。

202 跳水>－ § 已编码 1 个参考点 [7.31% 覆盖率]

以前学习成绩还比较好,三年级的时候明显下降了许多。以前老师都是叫我跟差生一起坐,辅导差生,到后来就是成绩好的学生和我坐来辅导我。学习成绩变差因为是上午上课,下午训练,学习上有些跟不上。而且家庭作业一般都是下午布置,经常不交家庭作业,老师也不管,也不会太重视你,我记得那时跳水队的同学在班上座位都是最后一排。自己也觉得老师既然都不重视我,在心理上也有落差。

204 跳水>－ § 已编码 1 个参考点 [2.12% 覆盖率]

小时候不喜欢学习,学习成绩也不好,就是体育出众。

302 游泳>－ § 已编码 1 个参考点 [6.45% 覆盖率]

我是小学毕业,参加了小学毕业考试,只是因为当年是属于借读生,没有学籍,在小学毕业的时期,正好我的调令下来了,我正式进队了,所以并没有拿到小学毕业证。但我的学习成绩相当好,即使是每天只读半天书,与一般小学生也一样走读上学,每次考试时,我也是前三名。

304 游泳> - § 已编码 1 个参考点 [4.84% 覆盖率]

小学成绩,其实还是蛮好的,进市体校后,学习成绩也没有丢,小学毕业的时候,语文考了 98 分、数学考了 97 分,而且印象特别深,与哥哥相比,自己虽然在练习游泳,但是学习成绩也比他强。当时我的学习成绩在整个年级来讲,也还是不错的,老师也很出乎意料,觉得我在市体校待了 1 年多,从事游泳训练后,学习成绩一点没有下降,都感到很欣慰。

所有的运动员都表示,进入专业队前是在业余体校进行的训练,食宿训在业余体校,学习在业余体校统一安排的普通学校,学习是走读形式,上午学习,下午训练。由于运动员在当地的学籍未变,统一就读学校后,学校的老师在学习成绩方面,对运动员的要求并不高,部分运动员就是因为老师疏忽了对自己学习上的管理,学习成绩下降得很厉害。但多数运动员表示,业余体校半天学习、半天训练的模式,对运动员的文化学习影响不大,运动员基本能够到达学校对文化学习的要求,个别运动员还强调,自己的学习成绩在普通学校中也同样出众。也有运动员明言,自己在学校期间学习成绩就差,不喜欢学习,也不爱学习。本研究所调查的水球运动员在高中前进入专业队,游泳、跳水、花样游泳运动员在初中前进专业队前,所以,运动员认为自己学习成绩不错的阶段,基本上是指小学阶段。

3.4.1.2 运动员对学习重要性的认识

103 水球> - § 已编码 1 个参考点 [3.28% 覆盖率]

进入专业队训练后也担心自己因为训练,耽误文化学习怎么办,而且社会对运动员的看法,就是四肢发达、头脑简单。如果你真的没有文化,别人又知道你是运动员,真的会为自己又会抹上一层灰。其实我觉得运动员在球场上一定要聪明,在场上要靠头脑,没有头脑不知道怎么打球,运用战术。

105 游泳> - § 已编码 1 个参考点 [2.66% 覆盖率]

运动队把专业项目作为自己的竞争力,学校里把学习成绩作为自己的竞争力。在运动队里,训练是主科,学习是课外活动,学习是训练之余的休闲;而在学校,少一分就得掉队了,则把体育运动作为课外活动。在运动队里,学习上没有太多追求,及格就行了。

205 跳水> - § 已编码 1 个参考点 [2.23% 覆盖率]

在运动队时,从来没思考过现在不读书,退役后怎么办的事情,只是觉得一切组织会安排,将来学习、工作不用我们操心,搞好训练就行了。

207 水球> - § 已编码 3 个参考点　[9.70% 覆盖率]

在学校的学习是有人督促的,运动队的学习是要靠自觉,每天只有两三个小时的学习时间,达不到什么好的效果,特别是训练累的时候,更加学不进,所以学习的时候,对主动性的要求很高。

302 游泳> - § 已编码 1 个参考点　[5.61% 覆盖率]

优秀运动员应该是一个什么样的状态,我并不十分了解,也无法判断,不清楚做运动员是无法兼顾读书与训练的,以为与以往在体校的日子没有区别,对运动员生涯并不后悔,体验了同龄人无法体验的感受、有不一样的认知,读博士确实是觉得自己的知识量不够,有再学习的欲望。

303 游泳> - § 已编码 1 个参考点　[2.23% 覆盖率]

退役后,一直认为自己的文化底子相当欠缺,还是觉得读书是非常重要的,身边有些队友可能会选择解决工作,但我的想法与他们不一样,我想先读书,再工作,将来成家立业后,也没有机会来读书了。

访谈中,发现不同时期的运动员对学习的认识有一定的共性,首先,运动员在运动训练期间,搞好训练是首要的目标,学习虽然重要,但也是训练结束后才需要考虑的问题;其次,从事运动训练的运动员,不是头脑简单、四肢发达的人,优秀运动员都是有头脑、有思想的人,特别是球类比赛中所遇到的瞬息变化,没有头脑、不能把握大局的人,是发挥不出水平的。同时,三个阶段的运动员在对文化学习认识上,也存在着区别。现役期的运动员相比已经退役的运动员,在运动训练阶段更能认识到文化学习的重要性,对自己的学习也有一定的规划。角色转换期和退役后的运动员在学习的认识上,更多地依靠教练的引导,教练重视运动员文化学习、强调较多,运动员对学习重要性的认识就更加深刻;反之,教练员只是单纯强调运动训练的,运动员对学习重要性的认识也就明显不足。

3.4.2　学习的管理

20 世纪 80 年代,各省、直辖市体育局相继成立体育运动技术学院,体育运动技术学院的成立标志着体育系统有资历颁发体育中专、体育大专等教育文凭,尝试通过自办教育力求解决运动员文化水平过低问题,逐步使运动员文化教育步入正轨。体育运动技术学院除了涵盖大专、中专教育外,还履行着运动队的九年制义务教育,开办有三年初中,小学年级一般设置三年级至六年级,是根据在役运动员最小上课年龄制定的。因此,专业队运动员的文化学习,基本都是在体育系统内自办的学校进行的学习。

3.4.2.1 学习的激励机制

运动队为运动员取得运动成绩制定了从奖金、工资、训练补贴、伙食标准、就业安置等方面的激励机制,以促进运动员运动成绩的提高,对于运动员学习方面的激励机制精神奖励多于物质奖励。近年来随着党和国家对运动员文化教育的关注,出台了一系列的政策,为运动员大学就学创造了良好的条件,激励运动员在训练之余加强文化教育。国家体育总局 2003 年颁发了《优秀运动员奖学金、助学金试行办法》,办法规定"正式在编享受体育津贴奖金制且训练时间在两年以上的在役运动员,在役期、退役期进行文化教育,获得大专、本科等文凭,或者参加体育行政主管部门认可的职业培训机构举办的职业培训并取得劳动保障部门认可的职业资格证书的运动员可申请由中华全国体育基金会发放优秀运动员奖学金、助学金"发放的金额根据运动员学习的状况,在 2 000 元到15 000 元不等。据不完全统计,自 2003 年奖学金、助学金政策出台以来,国家体育总局相继在 2004 年、2007 年分二批颁发运动员奖学金和助学金,全国已经有 3 372 名运动员获得了约 1 600 万元奖学金和助学金的资助。[①] 从对运动员的访谈中,某省的几位运动员都谈到运动队虽然没有按照上述文件为运动员发放助学金、奖学金,但是会根据运动员在役期的运动成绩,为上大学的运动员按比例报销学费。

我是在退役后上的体育学院,队里根据队员的运动成绩报销学费,全国锦标赛、冠军赛、全运会前三名,每年报销学费的 60%,冠军是全部报销,没有取得运动成绩的运动员是每年报销学费 2500 元。报销学费需要有入学通知书、学费缴费发票等,报销的款项会直接打到我们的工资卡上。

从 20 世纪 80 年代中期,国家体育总局联合教育部出台的关于运动员文化教育方面的政策:一是为运动员进入高等院校学习创造入学条件。鼓励有条件的高校建立高水平运动队,并对培养高水平运动员的招生院校、名额及范围、招收对象、招生办法等有明确的要求。二是体育部门对运动员进入高校学习提供经济支持。为运动员就学发放助学金、奖学金,减少运动员承担高额学费的后顾之忧。政策实施为推动运动员的文化教育,提高运动员的科学文化素质,获得了可喜的成绩。

在对运动员的访谈中了解到,这些政策,只是激励运动员进入高校,获得大学文凭有

---

① 参见中华全国体育基金会网站。

促进作用,但对运动员在运动队内的学习,激励政策却非常少,运动员在学习上取得优异的成绩,没有一个运动队会对运动员进行物质上的奖励,偶有个别教练员会在精神给予运动员肯定和支持。另外,运动员还谈到学习上如果出现旷课或者考试不及格现象,教练员或者领队会对运动员进行惩罚。

3.4.2.2 学籍的管理

运动队对运动员的学籍管理较为松散,"长学制"管理是运动员学籍管理的特色。运动队允许运动员多次反复休学,并以累积式学分或单科结业方式在自主的时段内完成学业。从访谈中了解到,运动队的学期安排,大多与普通学校学期安排时间一致,每年的9月新学年开学,设置两个学期,包括有寒、暑假。在遇到每4年一届的全运会时,部分省、市运动队当年的开学日期会延迟到全运会结束。

107 水球> - § 已编码1个参考点　[2.47% 覆盖率]

专业队的课程有语文、数学、英语,我进专业队时是小学五年级,实际去上课时,是比自己实际水平还要高一两个年级的课程。刚去的时候,感觉听不懂,慢慢听懂了,又出去比赛,回来又听不懂了。

203、204、205>跳水

D:我们从五年级下半期的时候,在一个由废旧车库改成简易的教室里读书。

L:那个时候,我们有几个条件好一点,但是又不能马上转编制,正式进队,无法去学院里上学,就把我们这种情况的运动员单独列出一支队伍,每天晚上两个老师专门在车库给我们上课。教室里有桌子、凳子、黑板,很简陋。

W:当时一起读书的还有网球队和游泳队,都是和我们一样的状况。

L:老师讲得很好,很负责,有语文、数学、英语三门课程。

203、204、205>跳水

W:我们不管文化水平高低,也不管你学不学,不管你学习成绩好,还是运动成绩好,读中专时都是在一起的,因为我们是同一时间转正进队,属于同一批队员。当时我是读五年级,然后一下就叫我们报中专,我们就报了,因为我们也不知道在学习上要怎么样做,只有随大流,报了中专后,也没有怎么去学。

L:D比我们高了一个年级。他当时是读小学四年级,我们读的小学三年级,不知道怎么的,稀里糊涂地就让我们读中专,上中专的时候我们就成为同一个年级了。

D:我当时是五年级去队上读书的,就让我们跟六年级读,我还读了初一、初二,但是没有读初三,后面直接报的中专。中专还没有毕业,读了两年我们就直接报考体院。

L:我也没毕业,但是我到了毕业的年龄,考体院了就没有再读。

302 游泳> – §已编码 1 个参考点 [2.47% 覆盖率]

当时初一的班上,和我一样新生报到的同学只有3个人,剩下的大概有40人左右,都是已经读过一次初一的了,最长的学生已经连续初一报到7次了,一般的就是2~4次。

303 游泳> – §已编码 1 个参考点 [2.47% 覆盖率]

我们刚进队没多久,我还在上小学五年级,突然队里就安排我们一起入队队员们读中专预科,中专预科根据我们30名左右队员的文化水平,设置了2个班级,一个是小学六年级标准的低水平班,还有一个是初中二年级标准的高水平班。记得当时有一位正好跨在初中一年级的队友,刚开始就跟读的是初中二年级的班级,后来由于学习跟不上,上了不到2个月的时间,又换回小学六年级的低水平段的班。

304 游泳> – §已编码 1 个参考点 [1.97% 覆盖率]

刚去省城的时候,我已经小学毕业了,好像是因为时间不大对的原因,让我跟着小学六年级一起上课,上了一段时间,我才转进的初一。接下来上初二,直接到中专预科,读了半年后来又升到大专,进入大专的时候还在队上训练,退役后继续修完大专的课程。

运动队的学籍管理松散、随意,体现在四个方面:①入学时间随意。运动员进入专业队的时间是体育局转正指标和训练、竞赛时间计划而定的,不可能恰好安排在9月的新一年入学时期,多数运动员都是插班入学。②班级设计上的随意。运动队的学校有条件开设九年制义务教育,但根据运动员的入学状况,并不是每一个年级都在正常授课,其间如果有运动员转入学校,会根据运动员的实际情况,安排或高或低一个年级就读。③颁发文凭随意。运动队为了解决运动员的文凭,体育运动职业技术学院获得了体育中专和体育大专文凭的授予资格,运动队中专运动员的招生,虽然有入学考试,但基本流于形式,运动员一般到了15岁左右,就会升入中专继续学业,只要学生修满学分即能毕业,拿到中专学历证书,虽然容易拿到毕业证,但是访谈的队员多数都谈到自己未学完中专课程即直接升入大专或本科。④运动员就学随意。运动队"长学制"的学籍管理,目的让所有的运动员都能顺利完成学业,尊重并给予运动员在学业上的自主发展权,减轻运动员的负担,体现教育以人为本的原则,但同时也导致了运动员就学的随意性。部分运动员上学、上课,并未抱有学习的目的,交友成了运动员上课的借口和理由。

3.4.2.3 学校对运动员学习的监管

101 水球> – §已编码 1 个参考点 [2.64% 覆盖率]

如果不请假也不去上课的话,就算旷课,对于旷课每个队都有自己的惩罚,文化课上有考勤表,每周每月上了多少课,老师会严格考勤,这样教练就会知道我们的上课情况。我们水球队如果旷课会被罚游泳,但是我们全队都没有旷课。

103 水球> - § 已编码 1 个参考点 [7.11% 覆盖率]

如果旷课、上课睡觉等情况有些老师会转告教练。有些科目的老师管理很严格,要求我们上课,就得听课,就得认真,有些老师却不一样。如果有缺课情况,老师们会报告给中心,某某队的谁谁缺课好多次,教练就会罚我们游泳。总之,同学们大都会在该上课的时间去学习。

104 游泳> - § 已编码 1 个参考点 [3.96% 覆盖率]

老师要求不严格,他会觉得你训练太累了,在学习上会有退让。运动员白天辛苦训练,上课的时候不会那么专注、认真。有些人会觉得今天太累了,晚上想休息,对于上课就不认真。可以缺课,但必须请假,让教练签字,除非有很特殊的情况,不然教练是不会答应的。

105 游泳> - § 已编码 1 个参考点 [2.83% 覆盖率]

每学期一次的期末考试,语文、数学、英语、政治,考不及格,就会在队上惩罚,老师是不会罚的,像我们高中如果考试不及格,就拿不到毕业证。

106 水球> - § 已编码 1 个参考点 [7.08% 覆盖率]

教练对学习有要求,不能旷课、迟到。我们队伍在学习上都做得比较好,在班里学习成绩算是名列前茅的,教练不会过多干涉。教练认为运动员必须具备一定的学习能力、掌握必要的知识。有些教练可能会认为只要把训练搞好就行了,但是我们队的教练和领队没有,教练一直强调:"学习对水球专项的训练是有帮助的,如果你连基本的常识都不懂,在比赛中更加难以领会教练的意图。"

201 游泳> - § 已编码 1 个参考点 [2.63% 覆盖率]

老师在课堂上会布置作业,我们如果在课堂上做不完,就得带回寝室做,每次都能按时完成。完不成作业,老师要反馈给领队,领队反馈给教练,教练知道了会做出相应的惩罚。

202 跳水> - § 已编码 1 个参考点 [3.30% 覆盖率]

教练看到我们学习成绩的期末单,考及格了口头上会表扬,不及格的话就会简单批评。

203 跳水> - § 已编码 1 个参考点 [5.09% 覆盖率]

有一段时间旷课的队友有很多,教练也不管,后来领队知道了,就规定旷课必须罚钱。学习上的事情基本都是领队在管,教练会提醒大家,今天要去上课。

301 水球>－§ 已编码 1 个参考点　[3.30% 覆盖率]

老师上课会打考勤,如果不去的话被教练知道了,会被惩罚。

运动员学习事务上的管理主要由各运动队的领队负责。运动员定期到学校上课,学校老师把运动员的学习情况(主要包括考勤和期末考试成绩)反馈给各个领队,各项目领队又转达给各组教练员。通常,领队只是向教练员通报运动员的学习情况,具体的奖、罚则由教练员根据自己制定的制度处理运动员的学习问题。从运动员交流的内容看,学校老师对运动员的管理有较大的差异性,要求严格的老师不仅上课坚持考勤、还要求运动员在课堂认真听讲、课后布置作业,并且定期与运动队领队联络,保证运动员文化学习管理的畅通。而一些老师上课则只顾自己讲课,对运动员没有任何要求。从对运动员学习惩罚来看,运动员发生旷课、不交作业、考试不及格等情况时,教练员会采用体罚、加练、罚钱等手段。

3.4.2.4 父母对运动员学习的督促

107 水球>－§ 已编码 1 个参考点　[2.80% 覆盖率]

妈妈是高校的体育老师,从小父母就很尊重我,信任我,那个时候除了学习,训练,其他的他们基本都不会过问太多,一切都依着我自己。

201 游泳>－§ 已编码 1 个参考点　[3.33% 覆盖率]

我在运动队一直坚持请家教,是因为爸爸妈妈对我的学习要求很严格。我们游泳队只有我一个人是这种情况,把家教请到运动队上。有些队友也有请家教补过英语,但是不会像我一样补得那么全面。

202 跳水>－§ 已编码 1 个参考点　[1.77% 覆盖率]

我们家是知识分子家庭,爷爷奶奶和爸爸都是当地重点中学的老师,爷爷还是校长,妈妈对我的学习一直抓得比较紧,所以我自己对学习方面也有要求。

205 跳水>－§ 已编码 2 个参考点　[2.33% 覆盖率]

父母一直督促我,学习不能落下太多,所以请了家教学习英语。

206 花样游泳>－§ 已编码 1 个参考点　[1.85% 覆盖率]

在运动队,妈妈也不放松我的文化成绩,但是没得那个气氛,她给我请了很多家教,我都学不进去。

在学习管理方面,多数运动员都谈到家长对自己学习上的督促。运动员虽然离开家庭,大大减少与父母的接触时间,但是不少运动员表示,父母依然非常关心自己的文化学习。访谈中发现,受过良好教育的父母,对子女的文化教育特别重视,即便是运动员脱离了正常的学校系统,也时常督促运动员加强学习,除了在言语上经常提醒和督促运动员外,还愿意花费金钱长期坚持为运动员请家教。

3.4.3 课程设置与学习时间

3.4.3.1 课程设置

107 水球> - § 已编码 1 个参考点 [2.69% 覆盖率]

优秀运动员集中 1~2 个月学习,每个星期的周末补一整天的课,考试也安排在周末,基本上都是开卷考试,一共要修 12 门课程,12 门课程修完就毕业了。但是即使是开卷考试,居然还能有人挂科。队上的所有队员基本上可以按照流程完成优秀运动员的学习,个别不及格的同学也可以通过补考完成学业。

201 游泳> - § 已编码 1 个参考点 [1.25% 覆盖率]

上初中后,是在运动技术学院的学校里上的课,课程有学习语文、数学、英语、政治,是哪个年级就跟随哪个年级上。

202 跳水> - § 已编码 1 个参考点 [2.54% 覆盖率]

上小学时只有语文、数学、外语,最基础的三科;上中专后有运动解剖、电脑等课程,上中专后老师还会布置解剖学的作业,写肌肉、骨骼的位置等。

206 花样游泳> - § 已编码 1 个参考点 [4.54% 覆盖率]

运动技术学院大专毕业了,队员们也到了上本科的年龄,作为体育特长生所有在役队员都有机会上××师范大学,考试分为高考文考和体考。最后全队队员都拿到了入学通知书,但没去上学,只是偶尔在临近年终或队伍没有什么比赛任务的时候请××师范的老师到训练基地授课。

运动员在小学、初中阶段的学习主要是在运动队自办的学校进行,20 世纪 80 年代,体育系统人员对运动员的文化教育不够重视,学校的办学相对随意。随着国家加强对运动员文化教育实施的力度,自办的运动队学校也逐步走向正规,成立了附属小学、附属中学。由于各地运动队设置的运动项目不一样,有些地方只建有附属小学,一些地方只建有附属中学。通常在小学阶段只设置语文和数学两门课程;初中阶段各个地方课程设置略有差异,语文、数学、英语是各地均开设的课程,政治、历史、化学、物理等课程各地有所侧重。如海南省高级体育运动技术学校在初中阶段课程开设较为齐全,包括有思想品德、语文、数学、英语、历史、化学、物理等课程。每一学年同普通学校一样,安排两个学期,每学期会进行期末考试,考试的方式有开卷、闭卷和口头问答等形式。中专、大专只开设运动训练一个专业,除体育专业类课程外,还开设有计算机、英语、教育学等课程。在役运动员通过免试、单招或者高水平运动员招收方式获得普通高等院校入学资格时,根据高校的课程安排,运动员集中一两个月到高校校园内上课,或者是邀请高校教师到运动队授课等方式。

3.4.3.2　学习时间

103 水球> - § 已编码 1 个参考点　[4.41% 覆盖率]

周一、二、三、五晚上会上两节课,周四是上午会上4节课,但是出来集训、比赛等的就没办法上课了,上课时会和其他项目的队员一起,每学期半期、期末两次考试,考试不及格也不会留级,按照一年一年的要求往上升,下个年级自己去报名就行了。

104 游泳> - § 已编码 1 个参考点　[4.37% 覆盖率]

我现在××大学体育学院运动训练专业学习,就读××大学是以优秀运动员身份进去的,只能就读运动训练这一个专业,每年集中学习1个月时间,大概在12月份的时候集中,那一个月集中学习,就不参加训练。

105 游泳> - § 已编码 1 个参考点　[1.45% 覆盖率]

周一、三、五晚上会上文化课,在小学到高中有相应的年级。我是高中毕业了,有时间就学习英语。

107 水球> - § 已编码 1 个参考点　[2.69% 覆盖率]

那个时候年龄相对来说小一些吧,我感觉天天都在训练,当时学院安排每周星期二、星期四上午的时候要上课,但是教练规定如果要上课就得出早操,出早操就相当于游1万米的量再去上课,还是挺艰难的。上课也要点名,但我们不上课是因为教练要训练,他把上课时间占用了,所以即使不去,也没人会管。

201 游泳> - § 已编码 1 个参考点　[1.25% 覆盖率]

每周二、四上午上课,晚上进行两个小时的晚自习。晚自习是全院统一的安排,所有运动员都必须参加,晚自习也有老师。其他时间自己也没心思学习,没有学习的氛围。

301 水球> - § 已编码 1 个参考点　[3.62% 覆盖率]

在运动队期间,训练时间和文化学习时间是固定的,每周三、五两个下午和周一、二、四、五,4个晚上进行文化学习,其他时间基本上都是训练。

303 游泳> - § 已编码 1 个参考点　[3.41% 覆盖率]

运动训练教练安排,训练之余一周有三次文化学习,周一、三、五上午硬性的要求,即使你运动成绩再好,也必须参加文化学习,但是文化学习时间毕竟少很多,根本是不够的,包括自己的精力也不能完全地投入文化学习,这样的话学习的东西就更少了,当然文化上就欠缺了很多。

304 游泳> - § 已编码 1 个参考点　[3.09% 覆盖率]

文化学习从专业角度来说的话,肯定会有很大的影响,我有个切身的体会,进入专业队后,每周只有周一、三、五半天的几次学习,晚上偶尔会有晚自习,我初一、初二的水平下滑了很多,在这一方面,的确丢了很多。

305 花样游泳> - § 已编码 1 个参考点　[1.79% 覆盖率]

运动队的环境比较简单、单一、特殊。在运动成绩相对弱的时候可以一周有 2 次的内部系统的文化学习,当成绩呈明显上升阶段时,文化课的学习时间成了可以被征用的牺牲品。

国家规定"专业运动员应该每周学习时间不少于两个半天一个晚上或三个半天,10 至 12 学时,每学时要求达到 45 分钟"。从运动员的访谈来看,各地方运动队,基本能到国家政策规定的要求,保证每周 10 学时的课时。但进一步深入调查发现,运动员谈到,运动队与普通学校一样,所办学校每年也是设立两个学期,9 月至次年的 1 月为上学期,次年的 2—6 月为下学期,虽然看似上学时间足够,但运动员实际入学上课的时间并不多。

第一,在不是全运会年期间,各个运动项目通常每年会举行两次大型比赛,4—5 月份的全国冠军赛和 9—10 月份的全国锦标赛,这两项赛事是国内最高级别的赛事,专业运动队的奖金、工资、待遇等都与这两项赛事挂钩,运动队也非常重视,通常比赛从报到开始会持续一周左右,加上路途大概会花 10 天时间,这段时间运动员是没有机会到学校参加文化学习的。

第二,运动队通常在这两个比赛结束后安排放假,放假时间平均为 5 ~ 13 天,这又耽误不少上课时间。

第三,部分队伍还有赛前一个月停课的规矩,教练员在这期间会不让运动员到学校学习,而专注训练,适应比赛。

第四,运动队每年的 12 月至次年 3 月进入冬训,6—9 月则集中夏训,这段时间是运动员在"家"正常训练时期,可以进行正常学习,又正值学校放寒、暑假。由此可见,能留给运动员安心学习的时间的确少得可怜。近年来随着赛制改革,以赛带练、以赛促练已成为提高运动员竞技能力的重要途径,运动员花费在比赛上的时间更多,学训矛盾进一步突出。

3.4.4 学习环境与学习方式

3.4.4.1 学习环境

运动员生活在运动队环境中,运动员的学习活动主要在运动队自办的学校进行,运动队是一个相对封闭且复杂的小社会,运动队内部的一切事物——物质的和社会的、有形的和无形的,都会对运动员的学习产生重大的影响。

107 水球> - § 已编码 1 个参考点　[1.32% 覆盖率]

除了正常上课以外,偶尔会在寝室里面自学,但总是觉得学习上有点三分钟热度,坚持不下来,别人都在玩,就自己在学习。那时候也小,没有认识到学习的重要性。

201 游泳> - § 已编码 1 个参考点　[1.01% 覆盖率]

我是属于觉悟比较高的,但也不是非常爱学习,在态度上能认识,在行动上还差一点。

202 跳水> - § 已编码 1 个参考点　[3.27% 覆盖率]

那时学习还是有积极性的,想学。与另一个队友一起请了一个家教教英文,但是因为经常出去比赛时常耽误上课,学了一段时间效果也不明显,还被其他队友嘲笑,最后坚持了差不多半年就没有再学了。

207 水球> - § 已编码 1 个参考点　[3.27% 覆盖率]

我们宿舍两个人住一屋,同屋的队友在国家队训练,我一个人住的时候多,还是有很好的环境让我安心学习。但是一直都觉得自己没有系统地坚持很长一段时间的学习,学习上总是断断续续的。队友中,有个别人能长期在外面坚持学习外语。

302 游泳> - § 已编码 1 个参考点　[6.36% 覆盖率]

正是带着学习上的自信,我跨入了初中,初中是在队里自办的学校里学习文化课。刚上初一,想想以自己的学习基础,肯定会把学习抓得很好,知道要开始学英语了,自己还规划了学习目标,希望把英语学好,可是后来的教学环境,使我在 2 个月内,就成了一名经常逃课的学生。运动队学习的环境和风气极差,对我们新同学来说,2 个月就完全听不懂了。还有一点,受队友的影响较大,大家一下训练就约着一起玩,他们就喜欢玩,不愿意学习,这样我们就集体逃课。

304 游泳> - § 已编码 2 个参考点 [1.96% 覆盖率]

学校每学期都有考试,那时我的运动成绩很好,学习上觉得好不好都无所谓,只是个形式而已,交个差。

直接作用于运动队学习活动并对运动队学习活动效果发生较大影响的环境因素包括运动队队风、各种教学设施、课堂气氛、班风、人际关系等。

第一,运动队的核心价值观影响着运动队的队风。运动队的价值目标即提高运动员体育竞技能力,促进运动员在比赛中取得好成绩,当然是以运动训练为主,学习为辅。运动队里训练才是第一位,运动员的文化学习与训练比赛发生冲突时,始终为训练让步。

第二,从教学设施看,能够满足基本教学。各省、直辖市专业运动队的训练设施,可以说是集中全省、市最好的力量,训练场地器材先进、科研、医疗保障到位,为运动员的训练提供了非常优越的训练条件,可以说,每个省级运动队的训练设施基本是本省规格最高、规模最大的。再看教学设施,研究者曾走访了某省运动队学校的教室,教室干净明亮,可容纳 30 人左右,桌椅摆放整齐,旧式黑板、带灰的粉笔、有一个教室安装有多媒体,供需要的教师轮流使用。教学设施普通、与一般学校无异,但达不到重点学校无灰书写、每间教室多媒体的要求。

第三,从课堂氛围来看,教师在教学过程中,教室基本能保持安静,多数学生认真学习,跟随教师的讲授看书、做笔记。课堂氛围虽然谈不上积极、热烈,但基本能保证课堂教学流畅、井然有序、顺利地进行。可见,近年来各地加强运动员文化教育工作开展得较为有力,各项措施也能落到实处。

第四,从人际关系看,运动员在学校学习时主要形成运动员与教师的关系和运动员与同为运动队队友的同学关系,这一章主要论述第二种关系。运动员与队友朝夕相处建立深厚友情的同时,也互为影响。从众是个体适应新团体的方式之一,它可以帮助个体较快地适应陌生的环境,迅速融入其中。当个体的思想和行为与群体的主导倾向保持一致时,他能与群体更和谐地相处下去,从而获得群体支持,有安全感、归属感。[①] 不少运动员在访谈中表示刚进入专业队时,认为专业队的学习、训练与在业余体校时期一样,两者并重,自己对学习依然怀有较大的热情,制定了学习目标,做好了认真学习的准备。但是,队友们的学习习惯和学习行为影响着自己,运动队不重视学习的风气也较为浓厚。

---

① 边玉芳.教育心理学[M].杭州:杭州教育出版社,2009:293.

总之,在认识上运动队认为学习远远没有训练重要,训练在运动队始终排在第一位,学习活动难以超越;在训练、教学投入方面,一切活动都是训练为主,围绕训练开展;在人际关系上面,领队、教练、教师,以及运动员都对学习不加以重视,很难为运动员营造良好的学习环境和氛围。事实上,运动员训练之余更多是想通过娱乐、休闲等方式减压、放松,精力很难再投入到学习中。

3.4.4.2　课内学习方式

101 水球> - § 已编码 1 个参考点　[1.12% 覆盖率]

上课学习的内容都能听懂,但是没有深入的了解,不能够达到完全掌握,肯定不能和外面的学生水平相当。

103 水球> - § 已编码 2 个参考点　[3.65% 覆盖率]

考试之前,会很认真地读书,会背,平时会看看小说啦这些的。自己打水球前,在正规学校学到初二,所以会有些英语基础。

只会在关键时刻,比如考试前,才会发奋读书,因为怕自己考不及格。

107 水球> - § 已编码 1 个参考点　[2.15% 覆盖率]

因为一进专业队学习就读比实际情况高一个年级,刚开始听不懂;后来慢慢能听懂的时候又因为比赛离开,感觉又断了;后面为了训练,连上课的时间也没有了。

201 游泳> - § 已编码 2 个参考点　[4.63% 覆盖率]

上课时,如果状态好,可以听听,有比赛耽误了,就不会去,再去跟就跟不上,听不太懂了。上课听不进去的主要原因是年龄小,意识不到学习的重要性,想要。有时候训练太累,有时老师讲的也不是很好,听着也没趣。老师在课堂上会布置作业,我们如果在课堂上做不完,就带回寝室做,每次都能按时完成。

读大学时正常参加考试,遇到特别重要的比赛,赛前训练就会停止文化课学习。我最长时间是在国家队集训过 3 个月,这期间就不上文化课,但那时我都读大学了。

202 跳水> - § 已编码 1 个参考点　[3.84% 覆盖率]

我以前学习还算比较自觉,从来不会旷课。课堂上有不懂的地方,当下会问老师,下来会问同学,但不会和领队、教练交流学习上的具体问题。但是经常出去比赛后,就会有很多不懂的地方,也不会补课,积累太多也不愿意向老师请教,不懂就不懂了。

203 跳水> - § 已编码 1 个参考点　[2.97% 覆盖率]

课堂上还是会认真听,跟着老师的思路走,但是下来不会复习,当然也不会预习,可能老师也了解我们情况,方法用的不一样,要求也简单。

206 花样游泳> - § 已编码1个参考点　[5.21% 覆盖率]

偶尔有队员旷课,但是不多。同学们的文化水平参差不齐,有些人即便是练体育,他也是很有脑子,但有些人头脑的确比较简单。总之,同学们大都会在该上课的时间去学习,有没有认真听要看自己对这个科目有没有兴趣,老师管理得严格不严格。

302 游泳> - § 已编码1个参考点　[5.77% 覆盖率]

学生的文化水平参差不齐,老师也不愿意教,考虑到这个班的实际水平,老师把我们上课的进度拉得非常快,讲得很粗,对于我们这种初学者而言,完全跟不上。老师告诉我们,我们班上绝大多数人已经学了好几遍了,但我们要照顾新同学,还是从第一课开始学,但是得把进度拉快点。就这样,直到现在,我虽然想学好英文,但始终没有机会。

304 游泳> - § 已编码1个参考点　[2.46% 覆盖率]

学习内容数学有一元二次方程等,数学的逻辑性、系统性比较强,后来因为比赛有耽误,落下了就不太愿意去钻研了。历史课相对来说比较有兴趣,还有时事政治、语文等,都是我比较感兴趣的课程。能否认真听课,要看自己的精神状态了。

班级授课制是附属小学、中学的主要教学形式。运动员谈到,教师课堂上主要以讲授为主,少有问答,师生间课堂内和课后的交流不多,课堂上教师会布置作业,运动员基本能够按时、按要求完成,课程评价主要通过笔试考试,偶尔会有口头问答考试。教师没有要求运动员提前预习课程或者课后复习,因此运动员一般在课余时间难以再继续学习课本知识,但是在考试前夕,运动员会根据教师要求进行考试前复习,考试要求不难,只要认真听课,就会合格,在课堂上遇到难题时,向老师和同学们请教,运动员普遍反映,由于经常外出参加比赛、集训等活动,缺课的情况较多,一些系统性、连续性较强的课程,回来时再学就比较困难。而学校并没有对运动员耽误上课等做出补课的安排,运动员自身也没有更多的时间来补习文化课。

把运动员按照年代区分,退役后的20世纪90年代运动员反映,教练对学习管理较松散,自己旷课也比较多,能够认真学习的运动员非常少;角色转换期的2000—2009年的运动员在训练期间有部分运动员学习较认真,多数运动员不会旷课,但是课堂上睡觉、玩手机的现象比较普遍;在役期的2010—2019年的运动员对待文化课态度上较为重视,行动上也基本也能做到认真去教室听课,考试前会认真复习看书,少有旷课的情况。可以看出,运动员自身对待文化学习的认知、行为以及运动队对运动员文化的管理都明显地朝着良性发展,运动员对运动生涯有了更清晰的认识,自身也在加强文化学习。

3.4.4.3　课外学习方式

<u>101 水球> - §</u> 已编码 1 个参考点　〔5.01% 覆盖率〕

今年夏天,我们队伍大多数队员都去新加坡、印尼打比赛,我们想有更多的交流,回来后大家给教练提出来,想补习英语,教练托一个队友的家长帮我们请了一个家教,整个队 17 个人一起补习英语。一周上两次课,晚上一次,上午一次。教练也和我们一起学,不过才开始学了 2 个星期,我们就来这里集训了。

<u>103 水球> - §</u> 已编码 1 个参考点　〔4.84% 覆盖率〕

我就是愿意看书,静下来就自己看看书,各种书都看,在队里我的书是最多的,大家都找我借,周六教练发手机、电脑后,我就喜欢看新闻,围着新闻看,吸收我一周不知道的新鲜事。

<u>104 游泳> - §</u> 已编码 1 个参考点　〔2.86% 覆盖率〕

队上还是有非常爱学习的人,队里面这样的学生非常少非常少。因为她是有梦想的人,她的父母是老师,经常帮她补课,她也在外面请家教,自己也出去学英语,还是非常上进的。

<u>106 水球> - §</u> 已编码 1 个参考点　〔4.40% 覆盖率〕

国家队每天根本就没有自己学习的时间,每天就是开会、看录像、训练,开会、看录像、训练。要说学习,主要是学习水球专业知识,看录像会讲技战术。开会的时候会进行自我检讨,以前领队还专门找名人专家来讲座人生观、价值观。

<u>107 水球> - §</u> 已编码 2 个参考点　〔13.64% 覆盖率〕

只要上课认真听讲,老师讲的都懂了,成绩就不会差到哪儿去,考试就没问题,休息时间不用看书。但是队里还是有人能够坚持每天学习,考试学校的时候,多数会要求英语考试。除了大学的文化课学习外,我们大多数人还参加外面的培训,主要以英语为主,现在很多大学拿学位证、考研究生、将来做教练评职称都要求英语水平,所以大家几乎都会在外面补习英语,抛开兴趣不讲,都要解决这个很现实的问题。另外,经常随国家队出去比赛,英语好了,能够有效沟通,自己出去旅游也方便。

<u>201 游泳> - §</u> 已编码 2 个参考点　〔3.74% 覆盖率〕

在队上的学习,除了上学院安排的文化课外,初中还是主要请家教辅导,因为父母在这方面一直都要求比较严格,家教请来也必须认真学,这方面还是父母把握得比较好。家教是周一、三、五晚上,基本是根据我自己的时间来定,只要有时间,就会让家教老师来。有时候训练紧张,训练结束晚饭后都很晚了,这个时候会暂时休息一天,时间上比较

灵活。跟着家教学习语文、数学、英语。语文我最喜欢，我偏文科。

202 跳水> - § 已编码2个参考点　[5.09% 覆盖率]

Z是一个很爱学习的人，她是我们整个运动队学习上的楷模，她训练成绩好，学习也好，英语已经过了四级，现在打算考六级。我认为她能坚持学习，一是她可能经常出去比赛，二是也和她自己本质有关。她是一个积极向上的人，她对我说过，不要想每天要学好多，你要坚持每天学一点，养成习惯。她的学习习惯就非常好，每天坚持学习，她如果哪天不学习英语的话，就会很难受，一天都会念叨。

我自己以前报了一个兴趣班学习钢琴，但由于后来训练强度加大，也没有什么时间学习和练习就结束了，现在钢琴就只是作为兴趣。

203、205 跳水>

D:在队上我们俩是自己花钱一起请的家教，补习英语。

L:因为那个时候还是有出国的比赛，对英语也比较有兴趣，教练也建议我们请家教学英语。

D:看到队上有些姐姐在学英语，自己心血来潮，也想学点知识。但是每次都没学多长时间，就参加比赛，停课一周。赛后又没有学习的积极性，就停了。过不久了，又想学了，就又请，请了没多久，比赛又来。当时学的是新概念，反反复复就在学第一课和第二课，这样持续了半年，最后终于发现自己学不进去了，放弃了。

L:家教一周两三次，根据我们的时间来定，一次60元，我们一人一半。

D:现在看来，请家教还是多有用的，可惜当初没有坚持，断断续续的。

206 花样游泳> - § 已编码1个参考点　[2.34% 覆盖率]

在队上，基本上都是请家教，找在校的大学生，主要是补习英语。培训班还是有点贵，一次性就要缴纳很多学费，没有那么多钱。

207 水球> - § 已编码2个参考点　[5.01% 覆盖率]

教练通过训练日记来督促我们写字，他很鼓励我们到外面去学习。只是有老队员才能在外面学习，因为新队员自己在体工队就有文化课，我们是学校的课都结束，大学也毕业了。

我做运动员的时候，坚持学英语，在中专期间，会把课堂上要求的作业认真做完，回来还会自己看看书，上大学后，函授的本科，老师每年都会有两次来上课的机会，不上课的时候，就会学学英文。大学毕业后，还在继续训练，也是抽时间学英文。

301 水球>－§ 已编码 1 个参考点 ［3.56% 覆盖率］

W队友他在自己空余的时候，会补充自己的文化知识。他只要是有空，他就会待在屋里看书，包括文摘、历史等，平时也会动笔写写读书笔记、诗歌等。我在学习上有解决不了的，疑难的地方我都会去向他请教，和他交流、探讨。我觉得他不仅是我的队友还是我的良师益友。他对我的影响比较大，我现在也学着他有感而发地写一些小诗。在我眼里，他是一个有才华的人。

304 游泳>－§ 已编码 2 个参考点 ［6.91% 覆盖率］

教练有时会告诉我们，抽空还是看看书，当然不是小说。年终我们会写总结、训练日记、没去上学的时候，教练还会让我们每天写毛笔字、钢笔字。我除了写训练日记以外，我还坚持写生活日记，生活日记基本记录了时间、气候，今天的事情，心情如何；今天的事情做得怎么样；事情做好了，还是做得不够好，如果没有做好，明天我应该要怎么做？日记本用那种硬壳本，保存了好长时间。每年运动员会写年终总结，这一年的成绩、要求，包括自己的身体反应都会写到，新年开始，也会写新年计划。写完总结、计划，还要求在队里公开的朗读自己所写的，教练会点评。

记得当时乒乓球有个队员喜欢看《参考消息》这类报纸，《参考消息》上所涉及的信息就比较广，也比较多，我后来也慢慢喜欢看了，这样会促进我了解社会，不会和社会脱轨。多读读这些东西，我觉得对我来说还是有一定的补充，充实比较大。

运动员既要训练、又要兼顾学习，由于要保证大运动量、高强度的高质量训练，必须有足够多的休息时间，训练结束后，还要积极恢复、按摩，有伤病的队员还得坚持治疗，因此可供运动员自由支配的时间不多。从访谈看，运动员学习的方式比较丰富，每个年代都有各自的特点。20 世纪90 年代的运动员多数是按照教练的要求写训练日记、练字、阅读等，阅读内容包括读小说、杂志、报刊。那个年代，数码产品还不够普及，运动员闲暇时听流行歌曲是最好的休闲方式，即便是看小说、杂志，能够坚持课外阅读，对运动员来讲也是一种很好的学习方式。2000—2009 年的运动员和在役运动员以自学、请人到队里上课和在外报名培训班的形式居多。请家教有个人的一对一、一对二方式，也有整个队伍按照自己项目需求集体请家教的方式，不论哪一种形式，学习内容基本都是以英语为主。运动员们愿意接触新鲜事物，性格开朗，善于与人相处，在比赛训练中经常有机会接触世界各国运动员，能与不同国家运动员进行语言交流，对运动员来讲是非常迫切的事情，这也带动了运动员积极学习英语的热情。

在谈到运动员的课外学习，每一个项目、每一时期的运动员都谈到在运动队期间，自己所看到的能够长期坚持文化学习的运动员案例,虽然这样的案例不多,但是在二三十人的团队里,总会有那么一两位。这样的运动员,运动成绩虽然不是最拔尖的,但是在不重视学习的环境中,为整个运动队做出非常好的表率,领队与教练员也时常以他们为榜样。队员谈到他们时,都表示他们对自己的文化学习有很大的促进作用,是发自内心地敬佩这样的运动员。

3.4.5 教师因素

3.4.5.1 教师的素养

203、204、205 跳水>

L:我们换过很多老师,记得英语老师换了3个,最开始是一个年轻的女老师,也不知道她讲课怎么样,反正大家都听不懂,教了一个月,后来就换了一个老师。

W:老师在其他地方上课肯定不是这样的,面对我们就像对牛弹琴一样。

D:最后换了一个50多岁的女老师,估计是退休老师,她也不管你听不听,只管自己讲课。在运动队待了很多年的老师,已经很熟悉运动员的一些习性了,对我们不抱有希望,也不会来整顿我们的学风。

L:因为她比较了解我们了。我遇到最过分的一个老师,每次上课就把茶杯放到讲台上,跷脚坐着看报纸,就这样过一节课。

D:我们男生就在下面睡觉,女生就聊天。

L:他都不想讲了,他可能已经对我们完全放弃了。

D:他开心,我们也开心,他不查我们,我们就接着睡觉。

W:还是有很负责的老师,我们小时候就有一个新来的老师,他是上海人,对我们的要求就特别高,当时严抓我们学习,还是有用的那段时间。他第一天来上课,没有按照课本讲,给我们讲一些学习的道理,然后让我们准备"新概念",第二次上课就给我们讲新概念,因为第一册很简单,当时大家都还听得懂,那段时间大家的学习情绪还多高,结果没干多久他就走了。

L:刚来的新老师他还是会很热情,但是大多数的老师都只负责授课,不负责管理我们,我们只需要出勤,学不学,怎么学,他都不管。那种特别要管你或者是拿着报纸看一节课的老师,其实都算是少数,但的确是会有。

201 游泳> － § 已编码 2 个参考点　[1.64% 覆盖率]

老师讲课水平不是很高,学习的科目像数学哪些,我也不感兴趣。老师不如外面学校专业性强,英语口音都带有方言,口语不是很标准。

304 游泳> － § 已编码 2 个参考点　[3.24% 覆盖率]

我记得初二的时候,有个老师经常会语重心长地告诉我,要认真加强文化学习,不然以后退役走向社会,吃亏的可能是你自己,希望我在有限的时间内,更多地补充文化知识。运动队里个别老师,对你印象比较好的,看到你有学习的欲望和良好的态度,才会给你说一说。一般的老师会觉得,你上不上课,和我没有关系,我每天来讲课,完成我的任务就行了,至于你听不听,是你自己的事情。学校里老师会布置作业,但是队友们不一定会做,包括我自己也是这样。

本章节,主要从教师的师德和教学技能谈运动队教师的素养问题。教师的基本职业道德是体现其良好教学的保障,热爱教育事业、关心学生,成为学生思想、品德、作表率是教师良好师德的表现。然而,从访谈中,运动员普遍反映的是教师的职业道德不高,教学中对自己的管理不够,现实中看,既有教师的主观原因,也有客观因素。分析如下:①教师难以保证课堂教学质量。运动员学习基础、学习积极性较差,教学中对任课教师提出更高的要求,然而体育系统自办学校的教师由于教学工作量大,教学质量更加难以保证。据相关调查①,某省体育运动技术学院 2006 年有教职工 247 人,其中文化课教师仅 19 人,教学人员相对缺少。从文化课教师的学历看,76.4% 的教师具有本科和研究生学历,学历层次尚可,但各学校教师的学历差别较大。另外,教师跨学科的教学情况较多,有 30% 的文化课教师跨学科教学,任课教师基本跨越基础义务教育和中等教育两个阶段。②由于运动队把大量的精力投入训练上,对教练员、运动员管理细致,对从事文化教育工作的教师关注不够,未建立激励良好的工作机制,教师的经济待遇较差。③教师主观因素。部分教师的职业怠倦情况明显,教学积极性不高,教学中得过且过,工作不投入,导致教学能力下降,教学效果减弱。诚然,运动队的教师也不是人人都放弃运动员的学习,自身职业道德修养高、知识、教学能力高的老师,面对一帮学习困难的运动员也倾全力、尽职责,为运动员授课。运动员在遇到有能力和有精力管理他们的老师时,学习积极性提高,学习效果明显,对这样的老师有深刻的印象。

3.4.5.2　教师的权威

教师权威,是教育权威的集中体现,是指在教育领域里,教师依据该领域所确立的目

① 虞重干.我国优秀运动员文化教育现状调查报告[J].体育科学,2008(7):29.

标与规范对学生的控制与管理,学生在自己的学习、生活与观点中服从并依赖于教师。教师与学生之间存在影响与被影响、支配与服从的社会关系。教师权威的存在,一方面是因为学校教育要求一定的权威发挥控制、管理和协调等作用,另一方面在于学生需要教师权威为他们维持一种秩序的学习与生活环境和方式。

在访谈中,运动员提起老师,几乎没有什么印象,多数都记不住老师的模样,与老师的关系运动员形容互为生疏又陌生,且双方都没有进一步接近的意愿。教师权威与教育影响力之间具有近似对等的关系,越是具有权威性的教师,其教育影响力也越大。运动队里学校教师角色相对尴尬,教师在运动员心目中的地位并不高。教师权威受制度性和个人因素两方面影响。从制度层面看,学校在运动队里并不是重要的业务部门,运动队给予学校的资金、人力不足。由于学习并不是运动员的首要任务,运动队在管理运动员学习方面,就存有管理松懈、制度不严等客观原因,学校自身缺乏对运动员管理的执行力度。除此之外,运动队对运动员的管理主要是教练员和领队,领队和教练员才是影响运动员成长的诸多重要因素。运动员的工资发放、待遇争取,提高运动成绩等都与教师毫无关系。如果教练员或领队不重视、不鼓励运动员文化学习,不在学习上对运动员进行严格管理,学校的老师管理运动员就相当困难,即不能骂也不能打、当然也不能罚,个别老师还会被淘气的学生欺负,即便是对学生学习上的处理,都要通过各运动队执行,多数老师即使想管,也管理不了,久而久之就不愿意管。

从个人因素看,运动员的文化课教师在教学经验、教学能力、师德修养上要比一般普通学校的教师要求更高,而运动队提供的教学环境、教师待遇等却比普通学校更低,因此运动队存在教师教学缺乏热情,对教育事业投入不够的现象。

3.5 小结

3.5.1 影响运动员在役期学习行为的因素

3.5.1.1 运动队的组织目标决定文化学习的从属地位

组织是指两个或两个以上的人,通过有计划的协作所组成的为达到共同目标的正式机构①。就组织的目标结构而言,组织内部不但每个成员有各自追求的目标,整体组织也有确定的目标。组织目标即代表组织的整体,也反映组织成员的利益和社会要求。② 专业运动队录属各省、市的地方体育行政部门的运动项目管理中心,由运动项目管理中心进行行政管辖。各省、市的地方体育行政部门以每四年一届的全运会奖牌、分数为评定运动项目管理中心领导的业绩指标,项目管理中心主要负责人在下一届全运会比赛周期开始前与地方体育局签订全运会奖牌目标,而后,管理中心的负责人又与各队主教练签订各运动项目的目标,以评定教练员的成绩和业绩,这种层层成绩指标最后都落实到每个教练组,每一位运动员头上,因此,在运动队作为组织的团队目标唯有一个,就是全运会的奖牌、分数。在此目标结构下的运动队组织结构、职权设置,无不是以保障运动员的运动训练为主,文化学习在此目标下,只能处于从属地位。

3.5.1.2　教练员是运动队组织中的绝对权威

组织的构成要素包括 4 个方面,即规范、地位、角色和权威。运动队组织中的所有权威都赋予各队的教练员。在运动训练的过程中,教练员是学生的领导者,这是由教练员的权威地位所决定的。教练员作为领导者对运动员学习的影响很大程度上取决于教练员的领导方式,即教练员行使权力和发挥其领导作用的行为方式。教练员的领导方式不同,对运动员学习的影响也就不一样。从专业队机制的选拔来看,运动员从开始入队就与教练员息息相关。教练员甄选队员,其实有一个选与被选的双向关系。教练员通过选材,承诺给运动员在训练、比赛、生活物质条件上提供优越保障的同时,运动员也在甄选教练。运动员与家长通过判断衡量教练员的执教水平与能力,确定是否让对方担任自己的教练,一旦双方的关系确立以后,教练员即开始全面、综合的管理运动员的训练、学习、生活。因此,教练员自身对待文化学习的态度,很大程度影响在役期运动员的文化学习。而同样应该具备权威的运动队文化教育课的教师,在运动队中却地位偏低,无法树立教师的权威,也无法对运动员进行学习方面的管理。

3.5.1.3　运动员自身学习愿意不足

霍桑的群体实验结果表明,在正式组织中存在着自发形成的非正式群体,他们有自己特点的规范,可以为了内部团结牺牲部分物质利益,对人们的行为起着调节和控制作

①　斯蒂芬.P.罗宾斯.组织行为学精要[M].8 版.郑晓明,等译.北京:电子工业出版社,2007.
②　郑杭生.社会学概论新修[M].3 版.北京:中国人民大学出版社,1994:192.

用。① 运动员在运动队受运动项目、教练组别、个人爱好、地域等因素的影响会形成各自的小团体。团体氛围和团体规则会对成员产生异常重要的影响,运动员会不断调整自己来适应团体的需要。若团队内有互帮互助、共同进步的氛围,成员在其中也会自觉地用心学习,提高成绩,避免成为团体累赘,被团体排斥。反之,则不然,刚入新环境的运动员会根据团队对团员的行为规范进行自身行为的调整,由于运动员进入专业队时年龄还较小,即使有学习意愿也难以抵挡团队内学习得过且过,只追求运动成绩的攀比氛围,运动员身在其中,即使个人愿意学习,也会逐步降低其学习意愿,在他人的压力下最终放弃学习追求。

3.5.2　运动员在役期学习行为特征

在役运动员的学习行为表现出三类特征:第一类是爱学习,主动学习,这类运动员数量最少。但每一位运动员在训期间都会遇到这类人群,都有这样的运动员存在,他们是所有运动员心目中学习上的表率和榜样。第二类是有良好的学习态度和意愿,偶尔学习,这类运动员最多,占大多数。这部分运动员内心渴望学习,想学习,但学习的意愿不强烈,受运动队的价值观、学习条件、训练因素、队友影响等外部环境因素的影响而无法持续学习,学习上只有三分钟热度。第三类是学习态度不好,也不会学习,这类运动员数量居于第二位。这部分运动员从小就不爱学习,学习成绩差,也没有养成良好的学习习惯,因为展现出较强的运动天赋而选择了运动训练。

---

① 　边玉芳.教育心理学[M].杭州:浙江教育出版社,2009:297.

4 运动员职业过渡期学习行为的研究

　　国家体育总局在 2007 年 8 月颁发了《关于做好运动员职业转换过渡期工作的意见》,其中对运动员职业转换过渡期有这样的解释:"运动员职业转换过渡期是指运动员从停训到办理退役手续、解除聘用合同之间的时期,一般不超过一年。过渡期是运动员所在体育训练单位为运动员实施职业辅导的重要阶段,是运动员进行再就业准备的关键时期。"运动员停止训练后,面临等待组织退役安置(即组织安排工作)、就学或自主择业三种形式。在运动员停训到实现这三种形式的转换时,需要一定的时间,在这一段时期内,各级体育行政部门应引导运动员进一步规划自身的再就业方向,培养、提高运动员再就业意识;为运动员参加文化学习接受继续教育创造条件;面向运动员开展各类职业教育和技能培训;提供就业指导和援助。并同时为运动员办理退役手续,及时将运动员的各项人事关系、劳动关系、社会保险关系等进行转移。而运动员自身要适应社会角色的转变,了解自己,了解社会,强化退役再就业意识,积极配合和参与体育行政部门为运动员职业转换的各种学习、职业培训、就业指导援助等活动,为职业转换做好思想准备和心理准备。

　　体育总局的政策解释,运动员过渡期从时间的计算是"运动员停训到办理退役手续、解除聘用合同之间的时期"。本文在研究中,访谈了处于这一时期的 7 名运动员。他们由于年龄、家庭因素、自身兴趣等原因目前都还处于就学当中,虽然他们停训已经 2 ~ 5年,但并未办理退役手续,在这一时期加强学习,拿到学业文凭是他们的主要任务,因此,本文所研究的职业过渡期运动员,从时间上是指运动员停训到办理退役手续、解除聘用合同之间的时期;从研究内容上主要探讨这一时期运动员的学习形式、学习现状与学习效果。

　　舒伯(Super)把 15 ~ 24 岁的人生归纳为人的生涯发展第二阶段——探索阶段。这一阶段,属于学习打基础阶段。个体将会认真的探索各种可能的职业选择,对自己的能力和天资进行现实性评价,并会根据未来的职业做出相应的教育抉择、完成择业及最初就业。① 本研究中游泳、水球、跳水、花样游泳四类项目的运动员,四类项目的多年训练过程划分的每一个阶段,训练年龄、训练任务、训练内容、负荷特点各不相同。其中,跳水运动员出现最佳竞技状态的时间最早,其次是游泳、花样游泳和水球运动员(表4-1)。优秀运动员的运动寿命与该项目的最佳竞技期年龄与竞技保持期年龄相关,在最佳竞技年龄期运动成绩还不突出的运动员会根据队伍全运会周期的安排,逐步淘汰直至退役,因此,最佳竞技期年龄也反映了不同运动项目运动员大致退役的年龄。从表4-1看跳水运动员最佳竞技期的年龄在14~21岁,游泳是16~21岁,这个年龄阶段的运动员退役后,一是成绩原因,二是年龄问题,体育部门为他们安置工作较为困难,一般会引导运动员选择进入大学就学或者是继续未完成的学业;而花样游泳和水球运动员由于他们的竞技能力状态出现的年龄较晚,多数运动员在役期间基本已经进入大学,部分运动员大学已经毕业,在退役时,选择等待就业安置的情况相对较多。

表4-1　各项目运动员训练阶段划分与年龄表

训练阶段	游泳	跳水	水球	花样游泳
基础训练	8~13	5~10	13~16	10~15
专项提高	男 14~17 女 13~15	男 11~16 女 10~14	男 17~22 女 16~20	16~20
最佳竞技	男 18~21 女 16~19	男 17~21 女 14~17	男 22~28 女 21~25	女 21~25
竞技保持	男 22~25 女 20~23	男 22~25 女 18~20	男 28~35 女 26~30	女 26~28

4.1　学习动力

从研究中看,运动员在运动队受整个竞技体育环境氛围的影响,虽然主观上有意愿学习,但实际行动则表现出学习动力明显不足,但这并不表示运动员退役后依旧缺乏学习的热情。运动员停止训练后,逐步适应角色的转换,开始思考自己退役后将要面临的

---

① 杜映梅.职业生涯管理[M].北京:中国发展出版社,2007:17.

人生,是选择就业或者就学取决于他们退役时的客观上面临的社会经济大环境、体育部门对运动员的工作安置现状,主观上自己的文化学习状况、年龄以及自身对知识求知的欲望。本章节主要把运动员如何获得促进生涯发展的学习动力,以及学习动力如何在生涯发展中发挥至关重要的作用做了深挖和展示,在此基础上,研究者把促进运动员生涯发展的学习动力提升概括为家庭成员的影响、自身对知识的求知以及社会环境的驱动等三个主要来源。

4.1.1　家庭成员的影响

父母的抚养方式与子女需要层次之间的关系等所造成的早期经验等对职业选择产生着关键影响,[①]运动员与家庭成员的互动不仅可能影响运动员的生涯选择,更是促进生涯发展的学习动力最原初和最稳固的来源。研究中,多数运动员都表明,自己的学习离不开父母长期的督促和影响,即便是谈到部分学习行为较为主动的运动员时,更多的是强调父母对他这方面的要求。家庭成员对运动员学习方面的影响主要来自两个方面:第一,家庭成员间的学习习惯养成。较为看重学习的运动员,家庭多是知识分子出身,父母多从事教师、医生等工作职务,父母的榜样作用或者期待效应,都会让运动员产生不能放弃学习的动力。

201 游泳> - § 已编码 2 个参考点　[2.33% 覆盖率]

我从运动员角色转变过来没花费很长的时间,妈妈是老师,从小父母就没有放松过我的学习,不停地在鞭策我,一直都在为我规划、强调运动员退役后的生活。下队后,一切都很顺其自然,就我现在的年龄来看,选择读书是理所当然的。

第二,配偶也会成为学习动力的来源。婚姻生活里朝夕相伴,这种来自密切关系互相影响的学习动力会成为学习和发展的主要动机。访谈中,也有个别年龄较大的女性运动员,退役后已经结婚,但仍然坚持全脱产的学习,其间也表示爱人对自己学习上的鼓励和支持相当大。运动员比较好强,退役后即便在生活中也不愿意落后于人,由于转换生活环境而开始与丈夫进步和发展拉开距离时,便千方百计提高自己,奋起直追。

---

① 吴贵明.中国女性职业生涯发展研究[M].北京:中国社会科学出版社,2004:29-33.

4.1.2　自身对知识的渴求

学习从本质性上来说,是一种多层次、多侧面的、适应性的心理活动。在人类个体的发展史上,由于个体在不同发展时期的发展任务不同,他们的学习任务、学习方式、学习过程等方面均有所不同。学习的包括许多不同的方面,如品德学习、技能学习、知识学习、审美学习等等。运动员在运动队进行运动训练,虽然学习的不是书本知识,但同样是运动技能的学习,这些学习活动对运动员而言也具有特殊的意义。相对于运动技能学习,运动员缺少的是知识学习。

205 跳水> - § 已编码 1 个参考点　[4.34% 覆盖率]

我退役后也是准备直接考体院,但是没能报上名,当时是有些报考的要求没有达到;第二年继续报考体院,又因为让我们考游泳,专业技能没考上;第三年通过特招才读上体院。上学的愿望虽然曲折,但是我和妈妈一直都没有放弃,自从下队后妈妈就坚持请家教给我补习,为的就是要让我上大学,所以不管怎么样,我都要努力实现上大学读书的愿望。

207 水球> - § 已编码 1 个参考点　[1.98% 覆盖率]

我现在是小学的代课老师,在运动队的时候,很想体验大学的时光。我是在运动队就完成了本科的学业,在学校里正规上课,只有小学的记忆,现在是一边上研究生,一边代课。

305 花样游泳> - § 已编码 1 个参考点　[4.24% 覆盖率]

退役后选择读书可能是因为和我的运动经历有关。一是因为我有上大学的夙愿;二是因为早年知识的缺失,让我很想经历学校生活,而且觉得知识是力量吧;三是在运动队时教练对我可能比较严厉,小时候有点不自信,希望通过学习增加自信。是真的希望自己能够在尽可能早的时候从头开始,希望将来能掌握主动权。退役选择工作不能让我觉得踏实,因为内心没有真材实料,对社会也不会有清晰的认知。

运动员进入专业队后,运动训练占据了大量的时间,学习时间比同龄人少了许多,即便是有学习的愿望,却一直没有足够的学习时间和学习氛围,在运动队金牌至上的价值观中,学习愿望长期被压抑。退役后,对大学的向往和追求在压抑中爆发,具有求知欲望的运动员对知识有这样一种深层次的求知需要,可以说他们的学习愿望一直处于潜伏状态。所谓潜伏学习,是指学习者当时没有明显的行为表露,或做出积极的反应,而只是在某种不易说明的驱动力驱使下进行学习,但当增强物一旦出现,便立刻会产生积极的学习行为,或者表现出良好的学习成绩,再或已能熟练地运用已经学到的知识。[①] 总之,不少运动员主要是基于求知欲望、求知兴趣而参加学习的,他们的学习通常是为了不断获取知识、增长智慧、增进智能、充实自己而进行的。

4.1.3　社会环境的驱动

教育理论表明,人的发展是以生活体与环境相互作用的过程而展开,受到环境因素影响而获得发展称之为学习,包括生活中各种有无意识下而导致个人变化的所有经验。[②]研究中发现,来自组织环境和社会环境的刺激,不论给运动员的体验是正面的还是反面的,都有促进个体发展的功效。运动队封闭的训练环境无法激励运动员的文化学习动力,退役后,以往组织中不学习的部分运动员,开始尝试开启自己的学习愿望,毫不犹豫地选择就学,这种选择,给予同样退役的同期队友深刻的刺激和驱动,在面对即将步入的新环境时,集体的共同经验和个体的独特经验互相作用,运动员不可能完全保持自己以往的学习习性,必须随着时代发展而学习和改变自己。

`203 跳水> - § 已编码 1 个参考点　[3.78% 覆盖率]`

如果队上会安排工作,我可能不会跟大家一起读书,但现在退役后就算你是全运会冠军安置也困难,还不要说我们成绩不好的了。另外,练了那么久,我除了跳水什么都不会,不读书,又能做些什么呢?幸好我年龄还小,能读上体院,拿个文凭也是好事。

`204 跳水> - § 已编码 1 个参考点　[2.21% 覆盖率]`

16岁退役后,整天在家无所事事,也没有具体的想法。父母让我先找个工作,当时我就很反感,觉得自己年龄太小,不想上班。有天接到队友打给我的电话,问我要不要同他们一起报考体育学院,因为从小不喜欢学习,小时候从来没想过学习的事情,然而,没有训练后整天就在家待着也没有什么意思,想到还可以和队友在一起,想着读书也好玩,就报考了体育学院。

近年来,退役运动员的就业安置已经越来越困难,政府在不断完善退役运动员就业安置政策和办法的基础上,拓宽就业安置渠道,加大力度建立和完善运动员就业培训制度,引导运动员自主择业、为运动员参加文化学习接受继续教育创造条件。运动员以优

① 高志敏.当代世界教育科学发展与成人教育[M].上海:上海交通大学出版社,1997:281.
② 筑波大学教育学研究会.现代教育学基础[M].钟启泉,译.上海:上海教育出版社,2003:72.

异的运动成绩或免试保送,或通过单独招生考试或参加高考进入高等院校学习的渠道越来越宽,运动员进入高校学习的人数也大量的增加。中国传统社会形成的"万般皆下品,唯有读书高"思想意识形式依旧存在,运动员对于考大学,读大学还是有许多的幻想。虽然我国的大学教育已经进入"平民教育"时代,但是大学生的身份让运动员比较向往。

4.2　学习的现实

运动年限较长、竞技能力状态保持较久项目的运动员如水球运动员、花样游泳运动员他们在役期间已经到达18~22岁,也是上大学的年龄,运动队会根据每个运动项目运动员的特点,结合高校高水平体育特长生招生情况,与当地高校或就近高校联合,统一组织安排在役运动员通过免试、单独招生等形式就读大学。但是,游泳、跳水等运动员他们退役时年龄还较小,部分运动员运动成绩并不突出,还达不到高校免试入学的条件,必须通过单独招生考试或者其他考试方式就读大学。由于体育部门人力、物力资源有限,这部分运动员在停训后,多数是依靠自己自主择业和自主就学,他们在选择就读学校和就读专业时遇到很多困惑。本章节着重分析不同学校、不同学习专业的运动员如何面临择校、如何选择专业以及当他们入学后,在学习方面的不足而引起的困惑。

4.2.1　择校的困惑

1987年4月,国家教委颁发了《关于普通高校试行招收高水平运动员工作的通知》,首次确立了招收高水平运动员的试点院校,对招生方法、招生对象、教学管理等作了初步的规定,至此拉开了高校培养高水平运动员的帷幕。从高校高水平运动员招生布局看,有两个特点:一是奥运大项和三大球设置率最高。田径、游泳是奥运项目中的金牌大户,也是体育运动中的基础项目,篮球、排球、足球三大球项目是最受群众喜爱的项目,也是在全球范围内影响力较大运动项目,这五个运动项目所占有的比例最高,研究者认为此举措较为适宜。二是群众参与程度较低的项目设置较少。本研究中选择了四个运动项目的运动员作为研究样本,这四个项目是奥运会项目也是世界大学生运动会比赛项目,并且有各自的训练规律和特色,如游泳是基础大项,跳水是我国的优势项目,水球是集体球类项目,花样游泳代表技能表演唯美类项目。然而,除了游泳项目以外,其余三个项目在 2014 年没有一所高校进行高水平运动员招生。现实中，群众基础较好的运动项目，如：篮球、网球、羽毛球等项目的运动员的自主就业、就学或者组织安置情况都相对较好，举重、体操、跳水等运动员他们不仅组织安置难以解决，就连就学的渠道也相对较难，高校招生的布局也并未减轻这部分运动员的就学难度。

202 跳水> - § 已编码 2 个参考点 ［5.25% 覆盖率］

我是 2010 年停训，退役后曾经去重点高中借读过一段时间，读的是高一，学校里"他们"讲的什么，我根本都听不懂，文化悬殊太大。数学就不用说了，一点都听不懂。语文涉及逻辑思维、想象，根本联系不上，上课时，会觉得老师讲课讲着讲着突然就跳到别的地方，但同学们都能听懂，就我听不懂。相比较，语文还能听一些吧，数理化根本就是云里雾里的。

就因为这样，后来我选择了读体育学院，主要是担心读其他的专业读不进去，最后还是拿不了文凭。在体院，我是健将，即使有时候学习不算出色，但是同学们知道我出色的运动成绩，对我们还是很佩服，我们也不会因为成绩差而感到自卑，好一点的学校，学习起来吃力，进去容易出来难。

203 跳水> - § 已编码 1 个参考点 ［4.97% 覆盖率］

选择在当地上学，主要是觉得北京的学校太远了，想找个离家近点的地方，那边又没有朋友，自己不太愿意去，主要还是舍不得我的朋友和家人吧。

305 花样游泳> - § 已编码 1 个参考点 ［3.11% 覆盖率］

相对读书其实有很多学校可以选择，因为自己年龄大，退役晚，真的很担心自己在学业方面跟不上，2009 年冠军赛后，本来报了北京体育学院（北体），但是队里没放人，2011 年想继续去北体读书，又担心自己适应起来更困难。我们本地体院的学生经常到游泳馆来上课，我认识了体院的老师，感觉非常好，估计自己会喜欢这里的环境，因为没有很多压力，可能让我更能安心地享受大学生活。

从访谈中看，运动员在自主选择高校时，对能否胜任学业、能否顺利毕业拿文凭以及能否适应当地的生活比较看重。虽然运动员个性上独立性较强，但长期封闭在体育圈内，对待体育圈的事情很内行，但对体育圈外界发展与认识远远不够。退役后不得不承担自己面向社会，走向社会的各种压力，在选择就业、就学面前，大多表现出很惶恐，小部分知识分子家庭出身的运动员，父母还能给予帮助和指导，但更多运动员多数时候只能等待运动队的指导。

研究中发现，水球运动员几乎都是在役期间报考就读的大学，因此在择校和专业方面一般都是跟随当地体育部门统一的组织和安排。参与训练的有高校高水平队伍，也有体育行政事业单位编制的专业队队伍，访谈中也了解到各地队伍都积极通过与当地高校合作，解决运动员就读大学的问题。水球运动员就读当地体育学院、师范大学的居多，这些学校都开设了运动训练专业，体育教育专业对获得健将级等级和全国三大赛前三名的运动员可以免试入读，对一级以上水平的运动员可以进行单独招生。这些招生政策的出台和落实，很大程度上解决了专业运动员就读大学的问题。

4.2.2 选择学习专业的困惑

201 游泳> - § 已编码 1 个参考点 [4.24% 覆盖率]

以前虽然学习较少，但还是想再加强一点，因为年龄大了，总要走出社会，必定还是要有过硬的本领才行。不同的学校会规定高水平运动员只能限制选择的几个专业，各个学校不同，专业也不同，就读川大的高水平运动员学生都是学习的行政管理专业，电子科技大学学的是信息工程。行政管理专业不像数、理、化，那么难懂，文科的东西只要你用心，也不需要太死记硬背，还是相对容易些。我觉得行政管理还是比较适合我们运动员，我们学校所有的专业运动员都是学这个专业，想必还是为我们考虑的，我们毕竟没有普通学生学习基础那么扎实，学这个还是能够听得懂，像行政法律、行政心理学这些课程生活中都会有用，比较实用。

202 跳水> - § 已编码 1 个参考点 [5.24% 覆盖率]

开始其实并不想选择读体院，因为自己觉得搞了那么久的运动跳水，已经有点腻烦，不想再与体育运动有接触，想走出这个圈子看看。后来父母劝我，跟我列举了三个问题：第一个问题，如果不考体院我就得从高中开始重新读书，读高中就会非常费力，并且学习成绩可能也不会很出色；第二个问题，即便我再读三年高中，能否保证自己还是考得上如体院这样的二本学校，并且是本科；第三个问题，就算我顺利考上大学，我究竟要读什么专业，大学毕业后我具体能做些什么，对我来讲，确实很彷徨。所以结合这三个问题，最终还是选择了考体院，因为相比其他的安排，这样会让我更轻松。

203 跳水> - § 已编码 1 个参考点 [1.76% 覆盖率]

教练通知自己准备退役后，家长就催着我去读书，那时知道能考试的学校就两所，一所是成都体育学院，另外一所是西南大学，两所学校都是要通过单招的文化考试，而且必须考上近 300 分，压力很大，打消了自己的学习积极性。后来和队友们一起考成都体育学院,也是考了好几年,一是因为文化分不够,二是单招考试只考游泳,我们跳水的可以游,但是游不快,最后,还是通过运动队解决我们的读书问题。

　　水球运动员所能够选择的高校和专业并不多,基本都是通过免试或者单独招生考试而就读的大学。高校招收高水平运动员一般都集中就读1~3个文科专业,例如:四川大学是公共行政管理,天津工业学院是公共事业管理,华南师范大学是公共管理类专业与管理学类专业。从各高校的招生条件和考试办法看,多数专业运动员只有参加学校的单独招生文化考试,才有可能进入高校学习。所以,运动员在选择高校的时候,实际就已经选择好自己学习的专业了。

4.2.3　大学的学习与职业培训

　　本研究中的运动员进入大学学习时,呈现出四种角色情况,①"运动员学生",即运动员在役期间即完成大学的学业(这类运动员的最佳竞技状态一般在20岁以后,如技能主导类的集体大球项目等,本研究所访谈的水球运动员、花样游泳运动员多是此情况)。这类"运动员学生"不仅承担着地方队伍较重的训练、比赛任务,还在学校需要的时候参与教育部举行的比赛活动,文化学习时间较少,学习实际效果不甚理想。学校对此类"运动员学生"专门集中1~2个月安排设置课程,或派运动员去学校学习、考试,或派老师到运动队进行授课。②运动员在役期即进入大学学习,还未完成大学学业时已停止训练下队,在退役后继续完成大学学业(本研究所访谈的游泳运动员多出现此情况)。他们在役期间是"运动员学生"的身份,退役后是按照学校"高水平运动员"的管理办法继续完成学业。各高校对这类运动员的管理也有区别,一种是即便运动员退役,也按照以前"运动员学生"的管理方法进行管理,修完之前所要求的学分,完成学籍,如四川大学。另一种管理方式是,只要运动员办理停训手续,不再注册参加各类比赛,即按照普通学生的学籍管理,运动员必须同在校的运动训练专业或民族传统体育专业的普通学生共同学习,完成未修完的学分和课程,如成都体育学院。《成都体育学院高水平运动员学生学籍及教学管理办法》中明确规定"学生以高水平运动员身份被录取入学但在取得正式学籍之前已退役,不作为高水平运动员学生对待"。特别强调"高水平运动员"的身份必须是在役的并在各运动项目管理中心注册的运动员。③运动员在完全停止训练后才开始进入大学学习。(这类项目运动员出现的最佳竞技状态年龄较早,一般在十六七岁左右,以技能主导类表现难美性的体操、跳水、技巧等项目居多,本研究的跳水运动员多出现此情况)

这类运动员通常是以免试或单招考试方式进入高校,进入学校后,根据学校对"高水平运动员"的学籍要求进行学习。④"学生运动员",即高校培养的学生运动员,他们在校园里进行训练,并按照国家体育总局注册要求注册运动员的身份,根据学校对"高水平运动员"的学习要求进行学习,完成大学学业(本研究所访谈的部分成都体育学院的水球运动员即在此类)。

201 游泳> - § 已编码 3 个参考点 [7.63% 覆盖率]

进大学第一年,以训练为主,学校有专门为运动员开设"高水平运动员班",平时有时间就要去上课,修学分。自己要修学分,如果学分未修够,或者考试不及格,就拿不到毕业证。川大本科学生要求修满 150 学分,我们有 50 个游泳专业学分,另外还有 100 学分需要我们自己修完。

考试也是闭卷考试,授课的老师水平很高,老师对待我们这群运动员讲课的方式会与普通学生相比有变化。有位老师说过,对待学习能力强的学生他会有一套方法,对待学习能力稍弱的学生他也有一套。老师讲课非常生动,会吸引你走进去跟进他的思路。退役后与在役时学习的方式都是一样的,只是以前没有时间选修那么多门课程,退役后,现在天天都要上课,选修的学分也多些。

在训练时,根据自己的情况按照学校的规定,在网上选课程,课程有必修课,选修课,什么时间上什么课,都有安排,有时训练累了,自己没时间去。有些时候是队里不允许队员出来上课,这时运动队的领导会与大学的负责人相互沟通,说明情况,直接给我们请假,老师还是能理解你。考试前,我们还是会主动去找老师,态度好一点,和他沟通,老师会给我们勾勒考试重点,回去认真背,一般都能考及格,只有参加考试,并且及格,才算修完学分。

203、204、205 跳水>

W:其实学习起来也不是很吃力,上了心就还好,认真努力后就跟得上。只是写东西的时候,完全找不到头绪,不知道该怎么样去写,不知道如何开头,这方面知识太贫乏了,老师一要求写东西,脑子就是一片空白,只有在网上搜索。

L:要愿意听还是听得懂,不想听私底下也不想学,所以说找个好听点的借口就是听不懂,因为我们不愿意去听,当然听不懂了,听都不想听就更不愿意去学了。刚进校的时候,曾经还是尝试过努力,但是考出来的成绩打击太大,考试结果又让人很灰心。主要是没有学习方法,我曾经喜欢过学习,但是它不喜欢我,我也就不喜欢它了。

D:我学习起来困难重重,学习上完全听不懂,再加上自己也属于进来混日子的,反正进来混,拿文凭就是了,用现在的话说我就是胸无大志的人。下了课也不想学习,自己很懒散,专业课也听不懂,也不想听。说白了,一是不想听,二是听不懂。

206 花样游泳> - § 已编码 1 个参考点　[2.91% 覆盖率]

在学习上,因为中断系统学习很多年,感觉学习方法不得力,虽然自己很努力,教室里能听懂老师讲课,但是记不住,考试的时候抓不主重点,一直都在摸索适合自己的方式,分数上一直都并不是很满意。但在学习的过程中,始终觉得学习起来很开心。教育学、心理学、社会学的知识都是自己想去吸纳的知识。

207 水球> - § 已编码 1 个参考点　[2.77% 覆盖率]

退役后学习上最大的困难是对某些课程的理解能力,大学里面的课程需要有一定的知识储备,初、高中知识缺失成为自己难以填充的部分。

序号 201 的游泳运动员,在役时进的××大学就读,退役后,大学尚未毕业,继续以"高水平运动员"的身份学习后面的课程。她一直庆幸自己能够通过游泳特长进入到这所"985"的××大学学习,这对于她来说,如果不是因为自己游泳成绩突出,是没有机会进入这类高等学府的。在访谈中,她反复提到,因为她运动成绩好,也经过了××大学的专项、单招文化考试,才能进入大学学习。她在当地的游泳成绩比较出色,许多与她一起训练的专业队队友,并不能如她一样进入这所大学。正因为如此,在大学的学习中,她特别上心,也特别努力,停止训练准备退役后,她全身心扑在学习上,期盼自己能够顺利毕业。序号 202、203、204、205 的跳水运动员,他们都是通过免试或者单招进入××体育学院学习,因为已经没有继续训练,在学校里与普通学生一样正常学习。在访谈中发现,这类运动员在学习上呈现较大的个体差异,一部分运动员学习成绩居前,积极参与、组织学校里的各种学生活动,在学校中表现较优秀;而另一部分运动员则表示,学习上还非常吃力,考试也不理想。分析其原因有四点:①学习基础差;②学习方法不对;③运动员自己长期以来的学习习惯不好;④带有混文凭的思想,不愿意下功夫去学习。

在访谈中还了解到,各地方体育局最近几年除了引导运动员继续就学以外,还加大了对运动员就业、择业的引导力度,开展对运动员的职业培训。如四川省体育局在 2013 年 10 月举行了"四川省优秀运动员首期职业转换综合素质培训班",为退役运动员第二次择业和就业打好基础。此次培训班进行了 15 天共有 83 人参加,全部是四川省近期退役的优秀运动员,除了有体育局领导亲自授课外,还有国际高管和成功转型的退役运动员为大家培训投资、创业、礼仪等相关课程,培训课程中,多采用互动、分组等学习讨论方式。

这次培训全部免费,并且吃住全包,但不是每一个退役的运动员都能享受,每支队伍有名额限制,必须由队里推荐。为每一位培训运动员发了一整套服装、20 多本书,包括《卡耐基的口才》以及相关创业、礼仪等方面的书籍,请的授课教师是成都市非常出名、非常专业的讲师团队。

有些老师讲得非常好,非常实用。培训的课程包括:礼仪、职业的选择、测试、演讲、演讲能力、拓展、职业心理、创业、创业模式等。我觉得这次培训非常不错,学了以后增强了信心,让我清楚地明白了自己运动生涯虽然已经结束,但又一个人生却开始了。

4.3　学习效果

尽管运动员在运动队专业训练期间对其学习行为有一定的限制作用,但一定程度上也激发他们退役后的学习行为。由此,运动员坚持各种学习行为后,他们究竟能获得什么样的学习效果呢? 其学习行为对运动员的生涯发展又有什么影响呢?

4.3.1　建立正确的人生观与世界观

202 跳水> - § 已编码 1 个参考点　[4.34% 覆盖率]

上大学后,收获很多,除了正常上课以外,我觉得校园里的学习氛围更浓厚,同学们的人生态度都很积极、很活跃。比如过团组织生活,在舞台上表演、演讲,给同学们讲解跳水的知识,都是我第一次尝试。队上什么都没有,没有活动、没有学习氛围。

203 跳水> - § 已编码 1 个参考点　[2.51% 覆盖率]

自己一直比较喜欢画画,但是在运动队根本没有展现自己绘画才能的机会,到了学校因为爱好进了宣传部,为班级做海报等正好发挥我的特长。

205 跳水> - § 已编码 1 个参考点　[4.34% 覆盖率]

大学和运动队有很多区别,在队里是很虚幻的,因为看不到外面的东西,只知道队里的事情,训练结束后就玩电脑,发信息,耍朋友,沉迷在那个圈子里,只接触到那个圈子的事。退役后才发现,很多东西都和自己想象不一样,大学里学习到东西有很多,以前在学生会做文体部的委员,学习了很多组织活动的流程,见识也比以前多,看问题没那么短浅。

大学之精神,在于"独立与自主、自由与民主的人文精神"。而具体落实到培养什么样的人,著名的教育家清华大学校长梅贻琦先生的教育观点认为:"窃以为大学期内,通专虽应兼顾,而重心所寄,应在通而不在专";强调大学培养通才的重要性,他讲到"社会生活大于社会事业","通识,一般生活之准备也,专识,特种事业之准备也","社会所需要者,通才为大,而专家次之,以无通才为基础之专家临民,其结果不为新民,而为扰民"。① 运动员进入大学学习,通过校园开展的各项活动,体验到与运动队完全不一样的生活,丰富多彩的校园生活,民主、独立的人文氛围,给运动员带来了充实感、快乐感、自尊感、自我实现感等方面的变化,大学学习使他们的精神素养得到了提升,人生观、世界观有了明显的改变。

4.3.2 增强知识技能

201 游泳> - § 已编码 1 个参考点 ［2.97% 覆盖率］

我认为自己角色转变比较顺利,这么多年感觉也没和社会脱节,找工作应该也不会非常困难,和平常的普通学生相比,我的知识功底没有他们好,但是通过自己努力,我认为还是能追上去的,肯定能大学毕业,拿到学位文凭,毕竟每天上学的人成绩也不一定都是很好,也不一定知识功底就很扎实。

202 跳水> - § 已编码 4 个参考点 ［9.34% 覆盖率］

父母与我在进校前对自己的人生探讨过,规划过,既然下定决心到体院读书,毕业后我也愿意从事体育老师或者跳水教练的工作,所以现在学校里学习的课程对我以后的职业都是有帮助的,因此,上课我还是很愿意去听的。

开始以为体院里都是运动员,但是后来我才发现除了我们这几个体工队出来的以外,很多都是高中毕业生,这就意味着他们的知识面比我们广很多,但是为什么每次考试我能考在他们前面,可能是笨鸟先飞的缘故吧,我更愿意花心思在学习方面,因为我知道自己落后,上课我会更愿意去听老师讲。我下队很早,考体院之前去读过应付单招考试的补习班,暑假的时候担心跟不上体院的英语课,还特地去新东方学习英语,所以说现在学校里的课程,学起来还是跟得上。现在我是大二学生,每学期都拿学校的奖学金,第一学期是二等奖学金,第二学期是一等奖学金。另外,同我一起读书的队友,学习上也是班

---

① 禾刀.寻找真正的大学精神:读梅贻琦的《中国的大学》[N].福建日报,2012-07-17(14).

上的前 10 名。

以前运动员经历对我现在上专业课程还是有帮助的,运动解剖学、运动生理学就是结合我们人体运动结构课程的。老师讲到肌肉、骨骼、关节,就是我以前练的东西,我现在就能理论联系实践来思考。但是更多的专业运动员是听不懂的,如果说听不懂,他就没有这样的体会。

203、204、205 跳水>

L:在体院读书后,学习上更加自信,就觉得教练以前用的方法哪些是对的,哪些是不对的。

D:老师讲的训练方面的专业知识,令我感受特别深,自己也经历过、体验过。比如减肥,老师讲了应该怎么减才是科学的,联想到我们那时候,就是觉得不科学,第二天必须得把体重降下来,有可能今天重三五斤,明天必须减下来。听课后,就觉得教练的方法不对,不科学。

W:我们队有一个女生因为体重的原因,没有参加奥运会,她回来后全队女生开始减肥,即便训练很累,只要体重超过标准,就不准吃饭,这样更不科学。但是那时候什么都不知道,全部都听教练的,教练说什么就什么,一点没有思想。

4.3.3 工作环境改善

302 游泳> - § 已编码 1 个参考点 [5.12% 覆盖率]

退役后通过特招进的体育学院,本科毕业后在××大学任教师,因为高校评职称需要考试外语,我开始在外面培训日语,后来又读硕士,并通过学校的机会先后两次赴日本进行访问学者的交流,学习上的收获,使我下决心继续攻读博士。回首我退役后的人生,学习一直陪伴着我,学习对我来说已经成为一种习惯,热爱学习,坚持学习是我人生中重要的生活方式,了解学习的真正意义,继而理解人生的意义,幸福美满地生活下去。

303 游泳> - § 已编码 4 个参考点 [4.11% 覆盖率]

我退役时,虽然年龄已经不小了,由于内心一直有读书的渴望,所以还是选择读大学。现在看来,当初的选择是非常正确的,我同期的队友,运动成绩比我好,退役时分配了一个当时看来还比较好的工作,但是因为她自身的能力不足,前几年被单位调整下岗。而我大学毕业后,从事自己喜欢的教师工作,每年还有 2 个假期,有很多时间做自己想做的事情,日子过得很充实。

　　职业过渡期运动员目前还在继续的攻读大学学业当中,他们都认为学习首先使自己更加充实;其次,在自己的专业领域内增加了知识,也掌握了专业技能,对以往的训练方式,能够更加科学、客观的评价。多数运动员通过自己在学习上的努力,也获得不错的回报,并对未来自己的就职、就业充满信心。退役运动员在谈到自己因为坚持学习而收获知识、技能,进而获得工作环境的改善时,对自己读书学习都怀着感恩之心。

4.4　小结

4.4.1　家长的督促是促进运动员学习的最大因素

　　职业过渡期运动员在决定自己要退役时,表现得很彷徨,特别是从来没有为自己规划过人生的运动员对今后的生活感到非常的迷茫。在选择上学读书时,学习动力来源于社会环境的驱动以及自身对知识的渴求,而家长的督促则是促进运动员学习的最大动力。在研究中,谈到促使运动员持续学习的最大因素时,运动员反映最多的是家长的督促与支持。编码201的游泳运动员进入专业队后,家长为她长期请家教补习文化课程,如今的她就读××大学,但似乎一点没有感觉运动期间文化不足对她造成的影响。编码203的跳水运动员,停止训练后即在母亲的督促下,报名单招考试的补习班,现在××体育院校就读,每学期都获得奖学金。编码302的游泳运动员,现在已经博士毕业,在谈到自己学习上的动力,多是来源于父亲长期的支持与鼓励,家庭氛围养成的学习习惯,不因为运动训练而放弃。

4.4.2　运动员的运动成绩是进入大学的标准,选择的学校与从事的运动项目相关

　　运动员的运动成绩是进入大学的标准。高校招收高水平运动员分别以免试、单招、降低文化分数线等方式进行。其中,免试标准为曾获得全国体育比赛前三名、亚洲体育比赛前六名、世界体育比赛前八名和运动健将称号,这个条件对多数专业运动员来讲,要求并不低,不少处于二线队伍即退役的运动员难以达到如此高的运动水平。单招录取的

文化考试虽然由各学校组织命题,但对缺乏学习时间的运动员来讲,无论面临什么水平的考试,都是一大难题。运动员在选择学校和选择专业上,与自己从事的运动项目相关。群众基础好的运动项目高校开展较好,能够招收高水平运动员的高校较多,运动员拥有较大的选择空间;而从事群众基础差的运动项目的运动员择校面则较窄,可供选择的大学较少。部分运动成绩不佳,从事运动项目冷门的运动员就学难度依然较大,只有部分体育院校的运动训练专业,才为优秀运动员敞开大门。

4.4.3 运动员的学习状况有明显的个体差异

选择运动训练专业全脱产学习的运动员,如自身有强烈的学习欲望,对自己的学习成绩较为关注,能够很好地完成学习上的各项任务,学习成绩较为突出,在校期间能够每学期都获得奖学金。另一部分学习意愿不高的运动员则表现较大的反差,他们不爱学习,读书就是为了拿文凭,在学校里经常旷课,常常考试不及格,补考和重修较多,运动队形成的不良学习风气,读大学后也未曾脱离。出现这种个体差异,与自身对学习的要求和家庭因素有很大的相关。

4.4.4 有学习意愿的运动员在生活环境改变后,学习行为也发生变化

在役运动员中处于第二类学习特征的运动员,在运动队时他们受环境的影响即便有良好的学习意愿,也难以持续自己的学习行动,而退役后的他们,进入到大学校园后,努力适应校园的生活环境。能够获得学校颁发的奖学金,并有进一步继续深造的愿望,被研究者中有7位运动员在学校里取得过奖学金,有1位已经博士研究生毕业,另外2位以不同的学习形式攻读硕士研究生。这几位运动员还有一个共同的特点——就读的是体育院校,所学运动训练专业。

5

运动员退役后学习行为对生涯发展的影响

5.1 文化知识缺失对退役运动员的影响

对人类而言,学习与生命过程本身是并存的,人类认识的一切方面都来源于学习,来源于个体经验的获得。运动员在业余训练时期,是学校教育的文化学习与运动训练专项技术学习两者为主,互为并重,教学与训练、文化学习与运动技术学习相辅相成,有利于运动员的全面发展。然而,运动员进入专业训练之后,文化学习与运动技术学习的比重明显倾斜,不系统的文化教育造成运动员的文化知识缺失,本节拟讨论文化知识缺失对退役运动员在学习、工作、家庭方面的影响。

5.1.1 学习方面的影响

201 游泳>－§ 已编码 1 个参考点　[1.76% 覆盖率]

对我个人来讲,不觉得运动员退役后学习上有什么困难,因为我相信自己在学习上能补起来,但对大多数队员来说,困难还是有的,因为好多队友都是没头没脑地就走过去了,除了训练就只知道耍,以前我也是这样的,后来慢慢人成熟了,想得远一些了,学习上也会下功夫。

退役后,最想补习的是英语,我认为现在的年轻人最应该掌握的三个基本技能,驾驶、英语、计算机,我觉得这是最基本,我的英语差,驾驶证也没有,因为当队员的时候,是没有机会去学的。

207 水球> - § 已编码 1 个参考点 [2.39% 覆盖率]

现在退役下来,自己其实还没觉得文化方面的东西有缺失,当然不是说读书无用,是觉得文化方面只要自己有一些基础,自己可以去学更多的东西,这才是关键。而不是说在学校里学完所有的东西,出来后就能很快地适应这个社会,学校里的教育只会给你一个铺垫而已,读死书也无用,要随时关注外界的信息,我认为这个很重要。

301 水球> - § 已编码 1 个参考点 [1.03% 覆盖率]

退役后最想学习的是语言及工作方法。语言能够让你接触到更广泛的内容,工作方法能够使你更容易融入一个新的环境。

302 游泳 > - § 已编码 2 个参考点 [4.67% 覆盖率]

退役后,在学习上很容易迷失方向,不知道自己该去学点什么内容,因为觉得自觉什么都缺,什么都应该学。最大的问题还是在学习上信心不足,总觉得当了那么久的运动员能力上比外界的人缺了很多。

读大学后,开学就去领英语书,但高年级的学姐警告我们,学英语需要一定基础学,如果英语达不了级,就毕不了业,第二天就把英语书换成日语书了。到现在,我的英文也不好,做论文时也没办法参考那么多的英文文献,毕竟英语才是全球的主流语言吧。

305 花样游泳> - § 已编码 1 个参考点 [3.21% 覆盖率]

我们那时上学没有现在那么多选择,如果要读书,就必须自主择业,办理退役手续。其实不愿意在运动队,也是因为看到了运动队的现实。当然,社会本来就很现实。只是,我觉得人生应该是精彩纷呈的,我不愿意一辈子只是为了生存。上大学很好啊,吸收知识和思维,当是一个缓冲期。

与运动员交谈中,谈到运动员训练期间由于文化缺失对自己的影响时,刚退役,即角色转换期的运动员们,大多数都不认为自己文化有什么缺失,这是研究者在访谈前,未曾预料到的,访谈的过程中,他们更多的是强调自己现阶段的学习情况。就研究中所访谈的几位运动员,他们都出生在 1989—1995 年,目前在高校就学的他们,所学的专业大致分为两类,一是在体育院校里学习的运动训练专业,二是在综合院校里专门为"优秀运动员"制定的公共管理专业。从他们学习环境看,学习运动训练专业的运动员,与他们一起学习的同学,都是参加国家体育总局的单招考试而就读的体育院校,学习素养、学习风气、学习习惯等远远低于一般综合院校,访谈中了解到部分运动员在学校里学习成绩居于班级的前列,好几名运动员每学期都拿学校的奖学金。因此,在他们眼中,与同为运动训练专业的学生相比,只要努力学习,学习不差也是不争的事实。另外,在综合大学读书的运动员,他们的同学其实也是专业队的运动员,是在同等水平条件下学习,被访谈者谈到在各方面自己都较领先于其他的同学,即便是在"985"高校读书也能胜任学校的学习任务,所以这类运动员自身对自己在学习上有自信,相信自己通过在重点大学的学习,可以拿到文凭,即使文化缺失也是暂时性的,因此,也不认为文化缺失对自己有何影响。

已经退役多年的运动员谈到文化缺失对学习的影响主要体现在三个方面:①无法对自己的学习进行规划。有继续学习愿望的运动员退役后,或是进入学校,在校园里继续学习;或是参加各种技能培训班、考取各种资格证书的培训班;或是跟随就职单位的学习要求,安排学习。运动员普遍反映的是这么多需要学习的内容,这也不懂,那也不知道,该怎么样入手、怎么去学习,即便是在高校,学校安排好各种课程,哪些是专业课,哪一类课程是重点,这些课程对将来的就业有何帮助,对运动员来讲也难以做出很正确的判断,因此,难以对自己进行学习规划。②学习专业的选择。多数运动员缺乏中学 6 年的系统学习,在学习逻辑性连续性较强的数、理、化等理科课程时都表示学习起来非常吃力,退役后在选择学习专业上,几乎不会选择涉及理科课程的专业。外语课程虽然学习起来也显得吃力,但是近年来运动员出国交流的机会逐渐增多,本身对学习英语有极大的需求,且社会上也有许多外语培训班,运动员可以通过各种学习渠道、学习形式补习外语。③学习方法的掌握。相比同龄人经过 12 年的小学、初中、高中的系统学习,本研究中的运动员在正规学校学习最长时间是 6 年(小学毕业),最短的只有 2 年。普通中小学的智育教育要求是:帮助学生系统地学习科学文化基础知识,掌握相应的基本技能和技巧,拓宽文化视野,发展思维能力、想象能力和创造能力,养成良好的自学能力、兴趣和习惯。可见,学校教育除了系统地培养学生的认知技能外,同时非常重视学生学习习惯、学习方法等自学能力的培养和养成。因此,运动员反映出上课能听懂课,但是记不住,考试分数不佳的现象,都是因为没有掌握好学习方法,不懂得学习技巧和考试技巧而造成的。

5.1.2 工作方面的影响

<u>207 水球> - §</u> 已编码 1 个参考点 ［6.25% 覆盖率］

　　谈到文化教育的缺失,对我的影响其实不明显,因为后期我补习得还算不错。可能物理、化学、数学讲深一点听不懂,但是这些东西平时的工作、生活中需要的不多,和朋友聊天也不会聊这些,都是聊的工作、价值观等。现在做体育老师,理论上的东西,我还是要多补充,这些都可以通过自学补上,还得继续学。讲到怎么样上课,怎么样去进行课堂

组织,怎么搞活动,虽然大学里学的是运动训练这个专业,但是所学的知识还不够全面,不懂的地方还得多请教有经验的老师。因为刚到学校实习,现在主要的任务是看课,在学校里,其实有些老师的教学方式也不是很合理,我只吸收他们好的地方就行了。

301 水球> - § 已编码 2 个参考点 [5.44% 覆盖率]

我从没觉得自己在文化教育上有任何的缺失,至少我现有的知识面能够足以胜任我现在的工作。古人云:"闻道有先后,术业有专攻。"用我和你们这些做学术研究的学者比较,我掌握的知识面肯定不如你们那么广,但你们跟研究火箭卫星上天的科研人员来比较,你们会不会也觉得自己文化缺失呢? 外界对运动员的总体评价是文化水平低,我想那只是片面的也不是绝对的。也有很多运动员转型后通过自身的努力获得高学历进而走上领导岗位。你能说他们的文化水平不高吗?

303 游泳> - § 已编码 2 个参考点 [8.66% 覆盖率]

常人都把运动员理解为"四肢发达、头脑简单",但我不这样认为,我觉得运动员很聪明,在训练中运动员要不停地思考和体会,才能理解技术,理解运动项目规律。只是没有为运动员创造很好的学习条件,供给他们学习,没时间,没有学习环境,造成运动员文化教育缺失。虽然我读大学后有所改善,但现在好多书本上的知识,在实践中用不上,如果是专业不对口,就会感觉与学校脱节。

记得刚进校没多久,学校就强调每个老师应该有自己的课题,让自己苦恼了很久,好胜心强的我又不想让人看不起,那段时间到处去查找资料,去搞明白什么是课题,论文与课题有什么区别。想补的东西很多,主要是各种知识理论,写作、文字表述也很差,数理化知识虽然也很白痴,但是工作的性质,根本对此没任何要求,所以也不会觉得欠缺,只是觉得文笔差,文字的表述和表达差。

304 游泳> - § 已编码 2 个参考点 [6.27% 覆盖率]

文化教育缺失对我的工作影响还是非常大的,退役后就业选择,没有文化基础就业面很窄,就算应聘到某一行业,在工作上感觉也很吃力,不会得心应手,自身内在的东西不够,想要很好地完成任务、解决问题都需要文化积淀。另外,在工作上也会有些不自信。记得我刚下队时,准备去考××市的警察,我们有三个队友一起去考试,那次四轮体能考试结束后,我的体能考试成绩排在所有面试者里的第三名,后来又说要考试文化,另外两个队友就不愿意去了,都是因为自己文化缺失,心里没有底,一说到考笔试,就觉得这个还是很难,也不想去面对,我看到他们没有去,我自己最后也是没有自信就放弃了,后来种种原因,最终也是没有做成警察。

退役后，我花了一年的时间继续未完成的大专课程，毕业后从事了很多不同的职业，经常频繁地更换工作，为什么工作更换频繁，很大原因是文化知识的缺失，有很多事情都胜任不了。而且这些职业和我学的体育专业根本沾不上边，我现在的工作是完全专业对口的，虽然不是做教练，但是从事的是与运动相关的管理，和我以前的运动项目是有很大关系的。

305 花样游泳> - § 已编码 1 个参考点 ［4.24% 覆盖率］

因为在退役时已下定决心要经历大学生活，所以，没有感受到文化教育缺失给自己的工作和生活带来了太大的不便。我认为知识可以分成两部分，一部分是自然科学方面的知识，一部分是社会科学方面的知识。自然科学方面的知识可能是比较薄弱，抓起来也比较困难，但社会学方面的知识通过阅读和积累完全可以弥补。如今接触了一些案头工作，会觉得在文字表达上比较浅薄，主要是语言的组织能力，现正在通过阅读书籍来增强自己的薄弱面。

在谈到文化缺失对自己的影响时：7 位在役运动员由于还处于运动队中，至今还专注于运动训练，文化缺失对于现阶段的他们来讲体验不深，但他们都认为长时间、高强度、大运动量的训练的确会影响到运动员的文化学习，只是现在的价值目标不一样，牺牲文化学习也是不得已而为之。7 位职业过渡中的 5 名运动员，5 位退役运动员当中的 1 名运动员，均表示文化缺失对自己没有任何影响，如果把职业过渡期与退役期运动员的数量进行量化分析，可表述为：有 50% 的停训运动员并不认为自己在文化教育方面有任何缺失。这的确与研究者当初所设想、思考的现象有些差距，虽然不能说此结论是否具有代表性，但这的确是运动员的真实表达。不认为自己文化缺失对工作有影响的运动员有一个共同的特性，即他们学习、工作的专业都是与体育相关，或是体育教师，或是教练，或是体育行业中的管理人员。即退役运动员在从事体育行业相关工作时，曾经的运动经历对工作有促进作用，而因训练造成的文化缺失并不会影响到现有的工作。在认为文化缺失对现有工作有影响的运动员表示，工作中遇到最大的困难是涉及具体事件需要写作时，会感觉文字表达能力较差，做教师面对学生，做教练面对运动员进行运动技术的讲解、传授都能随心应手，就是不能动笔，不能写。案头文件的写作，必须经过大量的阅读、写作、每天坚持随笔等日积月累的练习，才能掌握写作的技巧。运动员在择业时，就已经选择与理科专业无关的工作，虽然文科工作是不分专业的，几乎任何人从事任何工作都会遇到，因此，运动员在这一点上感受颇深。

5.1.3 家庭方面的影响

303 游泳> - § 已编码 1 个参考点　[1.83% 覆盖率]

对我影响很大的是我的爱人,他一直很支持我读书,鼓励我坚持念完四年本科。走到后面,再看当初下队后选择就业的队友,现在还是在厂里做工人。在中国的社会,文凭还是相当重要的。

304 游泳> - § 已编码 1 个参考点　[2.31% 覆盖率]

文化教育缺失,我觉得在择偶上也有影响,学历也是择偶的条件之一吧,学历低了,拿不出手。另外,对家庭也有影响,我女儿现在读小学五年级,她拿着题需要我在学习上进行辅导时,都让我觉得自己无能为力,在她这个学龄阶段,作为父亲应该是能够去解决的,但自己的确是没有能力去辅导她,虽然可以给她请家教,但是父亲没有亲自对孩子进行辅导,有时还是觉得很内疚,特别是孩子在学习方面需要帮助的时候,没有尽到力。

305 花样游泳> - § 已编码 1 个参考点　[3.76% 覆盖率]

其实选择全脱产上大学,全家人除了妈妈,其余的人都反对。我上学,妈妈给了我很大的支持,不仅在经济上,更多的是在精神上。在中国讲究什么年龄做什么事,家人都觉得我 24 岁放弃工作来学习,是一种不理性的选择,我上大学时已经完全退役了,也办理了退役手续,没有薪水了,经济上是依靠自己的退役金和妈妈给些基本的生活费。

在谈到文化缺失对家庭的影响时,运动员首先是强调自己在学习上,家庭给予的支持,包括父母和配偶。其次,谈到影响主要有两个方面:一方面在择偶上面,由于文化程度低,没有文凭,会受一定的影响;另一方面为人父母后,对子女学习上的辅导会有些无能为力。

5.2　退役运动员的终身学习

5.2.1　终身学习理念

"终身教育"是目前国际教育委员会特别强调的两个基本观念之一。终身学习是指社会每个成员为适应社会发展和实现个体发展的需要,贯穿于人一生的持续的学习过程。学校学习是教育的主要组成部分,但已经不是唯一的部分,知识信息不断更新和重新发明,我们所接受的学校教育体系所抱有的见解本身也必须重新加以评议。那么,学习就不仅是学校教育所必须解决的问题,学习即伴随一个人的一生。终身教育理念认为,学习实质上是一种持续的过程,尽管人类的文化并不限于知识,但知识在今天依然是文化的有机的和不可缺少的部分。① 从学习形式和内容上看,学习不仅包括学校的教育、阅读、培训班进行知识文化的学习,还包括品德的学习、技能的学习、人际关系的学习、审美的学习等等。学习的形式千差万别,既包括正规教育,又包括非正规教育,它包含了教育体系的各个阶段和各种形式。通俗点说,不只是学校读书是学习,还包括通过观察他人,或者从他人那里获得某些潜性的收获,其实也是在学习,人的一生,学习无处不在,无处不有,持有终其一生的学习理念和"三人行,必有我师"的学习态度,"学会求知,学会做事,学会共处,学会做人"。是终身教育理念的四大支柱,也是每个人一生成长的支柱。退役后坚持学习的运动员,同样持有终身学习的理念,正是自身长时期学习建立的终身学习理念,支撑着运动员的持续学习的动力。以下是运动员对终身学习理念的认同。

207 水球> - § 已编码 1 个参考点 [8.05% 覆盖率]

学习是一种延续,必须不断地学习才不会被社会淘汰,哪怕在学校学习太多的东西,出来不学了,也很快会被社会遗忘。每个年龄段,都应该有不同的东西去让他学,从小到高中,都要为了考试去学,等考上大学为了自己的兴趣去学,大学的时候,要考虑到你的未来,你要做什么你该学什么,这个时候才是有针对性的学习,大学出来后,是有需要地去学,比如,我想做生意的话,我就应该有意识地去学习怎样应酬,怎样交朋友,然后拓宽自己的交际圈。如果想要进事业单位,就得去找找关系,所以这个时候是有选择、有目的的学习,当然,还要学会怎么样做事这些的。

301 水球> - § 已编码 1 个参考点 [3.13% 覆盖率]

我并不认可"运动员是先天文化不足的群体"这种说法,运动员的学习是可以靠后天弥补的,我有需要学习的时候,如每四年周期的水球裁判新规则,自己也会看书去学习,不是只有拿文凭的学习才叫学习。

---

① 联合国教科文组织国际教育发展委员会.学会生存:教育世界的今天和明天[M].北京:教育科学出版社 1996:15-16.

5.2.2 学习内容与方法

207 水球> - § 已编码 2 个参考点　[5.74% 覆盖率]

退役后，特别想去报一个班，再进行系统的学习，但是似乎还没有找到自己的兴趣，现在的我性子定不下来，什么都想去学，去尝试，但是也不可能什么都去学习。所以目前主要还是学英语，我现在不可能每天晚上去教室里坐下来上课，我的时间很机动，一直都在找一个合适自己学习英语的方式，把英语学习好，就算死记硬背的方法，利用业余时间，把新概念英语的课文都背下来。

退役后，在读相关法律的研究生，然后还想继续学习外语，再报一个行政管理方面的学习班。

301 水球> - § 已编码 1 个参考点　[1.84% 覆盖率]

退役之后我并没有专门去学习什么东西，但工作中需要用到知识的时候，我会把以前学过的相关课本拿出来重头学习，并努力掌握需要掌握的知识。

302 游泳> - § 已编码 1 个参考点　[5.38% 覆盖率]

本科毕业后在高校任教，一是评定职称的压力，二是自己对以往文化缺失的遗憾，总促使我应该学习些什么。刚开始，是报考外语培训班，坚持学习外语，后来偶然的机会促使我报考硕士研究生，读硕士研究生期间，因为自己日语方面的优势，取得学校派遣去日本做访问学者的机会，慢慢意识到学习带给我职业上的成长，并且在专业发展上还具有较大的成长空间，也是机缘巧合又上了博士。没生小孩前，长期自学与坚持阅读，能够坚持关键还是自己在学习中找到自信，找到乐趣吧。

304 游泳> - § 已编码 1 个参考点　[8.69% 覆盖率]

虽然会觉得自己文化知识不足，想要再继续学习，但是由于要照顾家庭，也没有那么多的时间。我的学习更多来自生活，例如平常我在与人交往中、接触中会仔细观摩、揣摩，学习他们的优点，学习他们为人处事的方式方法，这是对我影响比较大的。由于我有留意周围人和事的习惯，现在在我的工作中，也学习到了很多。因为知道我自身的某些不足，比如在待人接物方面还要学习的有很多。比如，现在的老板，我会跟着他学习，学习他做一件事情是如何开始，如何规划、开展等，遇到问题后，会是怎么处理，不顺利的时候，应该怎么调整自己，员工有问题时该如何的对待和处理，这些都是我在工作上去学习。在我周围每一个人，我认为他都有值得我学习的地方，我都会自觉去学习。还有领导提醒我没有留意到的地方，我也会多加关注，会用笔记本记下来，用以弥补我工作上的不足，这样下次我再遇到这样的事情，就会处理好了。

但是书没怎么看，看得比较少，网络上的东西看得比较多，学习比较多。现在，更多的是靠手写笔记，工作上有些什么收获、想法都会记下来。比如，第二天我要主持会议，我会提前梳理，该怎么说，用什么样的方式才能让员工接受等，会议结束后，有哪些问题我也会及时地记下来，尽快地处理。和领导一起开会时，我都会整理好笔记，包括组织大型活动时，需要注意的地方，我也都会把它记下来，我觉得记下来后，总有一天，我会用得上，也是加强自己，在工作中我认为自己是在不停地学习，书本上的东西确实现在看得稍微少一些。通过这些学习，我发现现在我的观察能力强了很多，平时工作中也会很注意自己的细节方面，工作上要求自己也更加完美。哪怕拍一张照片，只要感觉谁眨眼睛，我都会建议重来一次，力求方方面面做得更好。领导也经常指点我要多看看一些管理方面的书籍，我确实也需要抽时间来好好看一看。在网络上学习很短暂，可以看看著名的企业领导人的传记和经验，像马云等人，我都非常关注。在学习上，我认为自己更多的是工作中对事物的领悟和观察。

305 花样游泳> - § 已编码 1 个参考点　[4.57% 覆盖率]

大学毕业后，我主要的学习应该是自学了，主要以阅读为主。工作中需要，会随时翻看以前的书籍，另外，闲下来会看看教育、心理、哲学方面的书。在澳门，我的训练都在晚上，没有时间去专门进修课程，只是读读自己想看的书。

今年准备报考在职研究生，学海无涯，活到老，学到老。

坚持"终身学习理念"的退役运动员学习形式多样，生活中处处在学习。一些在运动队养成的随手记笔记、阅读等学习习惯，显然已经成为可以持续一生的良好学习行为。除了自身的求知欲望以外，长期持续学习的退役运动员的学习动机与学习内容还表现出鲜明的职业指向性。可以说，他们的学习动机和内容与职业紧密相连，与其职业的纵向发展关系密切，更与他们的社会职责相结合，具有鲜明的职业发展指向性的特点。另外，从学习内容看，外语、管理是退役运动员学习较多的科目，学历学习与非学历学习都同时存在，而在非学历方面学习中，主要包括学会做事、学会做人、学会生活等方面知识和技能的学习。

5.3 运动员对运动生涯的感悟

201 游泳> - § 已编码 1 个参考点 [4.78% 覆盖率]

　　我的运动生涯是大起大落,有苦也有甜。从一个默默无闻的小女孩,给自己制订计划,坚持自己的目标,一步一步地往上走,一直走到成为游泳队的重点选手,曾经也是队伍里被人捧在手心的角色。当自己慢慢爬到成绩的顶峰,又被摔下来,遇到过伤病,有过退缩,也有过徘徊,有着大多数运动员的经历,虽然苦、累,但是不后悔。

202 跳水> - § 已编码 1 个参考点 [4.20% 覆盖率]

　　谈起我的运动员生涯我一点不后悔,如果有来生,还会要再来一次,我依然会坚持。我也是在打算退役后,回家补高一的课程,我觉得学生读书和运动员也是差不多,学习同样也非常累,每天早上6点多钟起床,准备去学校,在学校里要待到晚上9点半才回家。我们虽然训练累,但是在队上很自由,训练归训练,休息时的时间完全自己做主,时间上更宽松。

203 跳水> - § 已编码 1 个参考点 [5.06% 覆盖率]

　　回想起以前都是蓝色的状态,蓝色代表悲伤,有时候想到自己的运动生涯都会想哭,特别是跟我们组的队员在一起时,大家就像是有共鸣,都不愿意去提和想以前的事情。首先是自己因为跳水腰部受伤很严重,然后觉得教练不理解自己,减肥时体重超标一两就会被打一鞭子,我们组的特别惨,所以很多时候都不愿意去回忆这些事情。如果人生能够再选择一次,肯定不会再练跳水,我想像普通人一样读书。

204 跳水> - § 已编码 1 个参考点 [2.92% 覆盖率]

　　运动员有积极向上,吃苦耐劳的精神,当出现问题的时候,大多数人总会去埋怨,运动员会想办法去解决问题。另外,运动员非常乐观,一个性格内向的娃娃,在队上待久了,都会变得开朗、外向。

205 跳水> - § 已编码 1 个参考点 [2.46% 覆盖率]

　　运动生涯对我来说,还是在运动成绩方面体现过自己的价值,我付出了很多,也得到很多,当运动员期间没有白白付出,还是觉得很欣慰。

206 花样游泳> - § 已编码 1 个参考点 [2.90% 覆盖率]

　　花样游泳对我的人生还是有帮助,比如说做一件事情能够坚持不懈;其次,我们都比较独立,能够自己解决自己的事情,想做什么事情都是自己去做,不会让父母费心,包括读书、考试等,很自主。

207 水球> - § 已编码 1 个参考点　[5.68% 覆盖率]

时常想过这个问题,也有过犹豫和矛盾,这是退役后想的事情,在运动队是从来没有这种想法,当时很坚定。现在出来后,我的独立性很强,同届的哪些同龄同学,他们的经济实力还达不到我现在的水准,我有了经济基础,我有自己想做的事情,我会去做,在运动队最宝贵的收获,运动队的团队精神让自己的性格特别好,结交了很多朋友,现在出来做老师,他们都说我的性格很难得。现在社会不缺人才,像那种心态平和的人不多了,像我们做事不会去计较那么多,只想自己有锻炼的机会就行了。做运动员不后悔,真的不后悔,虽然现在出来了很艰难,但是我相信自己的学习能力,吃苦的能力,还有我的心态,以及我自己做人做事的方法,所以我对自己的未来是充满信心的,这些都是运动队的哪些磨难所带给我的,所以说我不后悔,哪怕是我肩关节脱臼、运动性哮喘,我都觉得老天很公平,让你失去一些东西,就会得到一些东西。

301 水球> - § 已编码 1 个参考点 [3.51% 覆盖率]

我的运动员生涯即便有种种的不如意,但还是感恩这样的生活,因为你只有一种人生,无论是什么样的人生,只要是你选择的就要尊重它和承担它所带来的不愉快或痛苦。运动员的生涯对于我来说磨炼了我的意志,使自己的性格更加坚韧,认准了一个目标就会不达目的不罢休,但或许这也有局限也未可知。但还是感恩它给我带来的种种好吧。

303 游泳> - § 已编码 2 个参考点　[5.92% 覆盖率]

做运动员最深的感受,就是"苦"。但正因为经历过这种苦后,感觉到再经历任何困难,都能克服,都顶得住,不会倒下,不仅有克服困难的勇气,还有决心。退役后,面对任何的困难都会去寻求解决的办法,都不会屈服,这是做运动员后最大的财富,现今社会,脆弱的人太多,运动员意志非常坚强,不会走极端的路。选择游泳,一点不后悔,自己走到这条路,也是人生的选择,虽然人生有许多道路可走,毕竟只能走一条。

304 游泳> - § 已编码 3 个参考点　[7.59% 覆盖率]

运动员生涯给予我强壮、良好的身体,思想上独立性强、生活上自理性强,不会去依靠父母、让父母操心,小时候的吃、穿、住、行都是靠自己解决。当运动员后有种不服输的意志品质,遇到挫折不会逃避它,越是越到挫折越不会轻易认输,永远想的都是在哪里跌倒了就会在哪里爬起来,我不会退缩,这是做运动员后给予我的精神。

另外,我认为运动员的本质很好,运动员是很善良的人,积极向上,没有过多的阴暗一面,钩心斗角的事情比较少,拥有很多正能量的东西。如果遇到对手,要超越你,运用自己的技能、智慧,走正道去超越你。运动员不是用嘴巴说出来的,你有什么本领,一切都要到赛场上见,靠的是自己的真功夫、正能量,做运动员我不后悔,走到哪里都可以自豪地对别人说,我曾经是一名专业运动员。

我不后悔做运动员,但是要再做一次选择,我不会再选择做运动员,因为运动员所涉及的面太窄了。运动员要获得好的运动成绩,必须在你身体机能最良好的年龄状态去进行,这个过程只是昙花一现,人的一生是很长的,运动生涯在生命当中太短暂了;其次运动队的环境也很窄,过于的追求一时的运动成绩,使我们所接触的东西很少,应该把面放宽。

305 花样游泳>-§ 已编码 1 个参考点 [4.03% 覆盖率]

运动生涯对于我来说,是跟同龄人经历了不同的童年时代和青年时代,就自己而言,同龄人在上学的时候,我在工作,同龄人在工作的时候,我在上学。运动生涯给我带来了与众不同的人生阅历,无论利弊,如今的我都欣然接受命运的安排,带着运动生涯赋予我的品格,好好规划未来的人生。运动员头脑并不简单,只要他们愿意开发,愿意从头开始,加上他们的体育精神,未来的人生路不会差。

在与运动员交流时,"请运动员描述自己对运动员生涯的体验和感悟",是最后一个访谈的问题。最初是打算请每一阶段角色的运动员都进行简单的回顾与描述,后来采访在役运动员时,发现他们对于此还没有更多的思考和领悟。因此,只对角色转换期运动员和退役后运动员就此问题就行交流。这一个话题,运动员们谈起来都有很大感悟,且都是侃侃而谈,言语中都透露出急切交流的心思,而每个人的心中都有对自己运动生涯不一样的评价,其中,退役运动员描述起来更为生动。也使同为运动员的我,脑海中不停地闪现曾经做运动员的种种场景。就研究的个人态度看,我认为我所研究的 19 位运动员们,他们每一位的运动生涯都丰富多彩、跌宕起伏、有血有泪、场景鲜活,我无力评判他们的运动人生,只是出于学术研究的需要,对运动员个人眼中的运动生涯小做归纳和总结。

从 12 位运动员的访谈中,可以看出,运动员的训练非常"苦""累",但是在训练之余,更多的是由自己支配时间,精神和时间上会比较自由;拥有编制的在编运动员每月会发工资,比赛成绩好会有奖金,相比同龄人,他们在经济上更富有;运动员会因为过度训练或是不科学的训练方法造成身体上的损伤,包括肌肉、骨骼的损伤和人体机能的损伤;运动员在性格上有着独立、自主、乐观、开朗的性格,以及坚韧、勇于挑战、不服输的意志品质,为人处世豁达、进取等正能量精神,即使在退役后,面临角色的巨大转变,他们对未来的人生依然拥有较大的自信。有 7 位运动员明确表示当运动员"不后悔";有 4 位运动员"感恩"运动生涯带给自己的收获;还有 2 位运动员强调,如果可以重新选择,他们不会再次从事运动训练的道路,一位是因为难以忘怀在训练中曾经受过的伤,另一位是因为运动员的生活圈子太狭窄。

5.4 小结

5.4.1 运动员认为文化缺失对自己后期学习、工作影响并不明显

有 6 位停止训练的运动员表示运动生涯中未学到的知识,可以通过退役后期弥补,由于运动训练所缺失的文化学习,对运动员后期学习、工作并未有太多的影响。这个研究发现,虽然令研究者自己很吃惊,但确实是此次所调查后得出的结果。一是因为这部分运动员至今还在体育圈内读书或工作,对体育行业内部的理解有比普通人更深的体验,继续在体育行业内时,运动员身份和体验反而促进自己的学习与工作。二是他们认为通过运动训练不仅获得运动成绩上的荣誉,让自己有足够的成绩资本立足于社会,还得益于通过运动训练塑造自己、完善自己的人格,与之相比所缺少的文化教育不值一提,所缺失的知识完全可以通过后期弥补。

5.4.2 "终身学习"理念促使运动员退役后仍然坚持学习

运动员退役后能够持续学习,是因为建立其"终身学习"的理念,"终身学习"的理念并不是运动员退役后才开始形成的,而是与其运动员的社会化成长轨迹相伴相生并不断得到经验强化的结果,这其中个人家庭环境极其重大的影响。这种强化的结果最终成为他们保持学习和进取动力的一种相对持久的类型和状态。从学习目的上看,以提升自己的职业进展的关系密切,表现出追求职业发展、获得学历文凭、资格证书、满足生存需要等实用性的特点;学习的形式以继续攻读学位,自费参加各种培训和工作单位组织培训、自学等为主;学习困难具体体现在英语学习不得力,文字表达、文字表述较差。

6 结论与建议

6.1 研究结论

6.1.1 制约因素

运动员从事专业训练取决于家庭因素、个人因素以及自身机遇等三个因素;经济因素、训练保障、学业丢失是促进运动员步入专业队的外部因素,自我实现是支撑着运动员坚持训练的内部动力;运动队的价值观、激励机制、训练方式左右着运动员的学习态度、制约着运动员的学习意识。

6.1.2 行为特征

在役运动员的学习行为表现出三类特征:第一类是爱学习,主动学习;第二类是有良好的学习态度和意愿,偶尔学习;第三类是学习态度不好,没有掌握学习方法不会学习。

6.1.3 学习特征

运动员职业过渡期学习特征表现为:坚持学习的最大动力来源于家庭的督促与鼓励;运动员的运动成绩是大学选拔的标准,选择的学校与从事的运动项目相关;在学习行为上呈现出较大的个体差异;有学习意愿的运动员在生活环境改变后,学习行为也发生变化,进入体育院校的运动员能够较快融入学校氛围并取得良好的学习效果。

6.1.4　其他

就读体育院校与部分从事体育行业工作的退役运动员并不认为文化缺失对自己学习和工作带来不良的影响,持有"终身学习"理念是运动员退役后持续学习的根本动力。

6.2　建议与展望

6.2.1　建议

6.2.1.1　注重运动员个体的全面发展,培养运动员"终身教育"理念

注重运动员个体的全面发展,是深入贯彻落实科学发展观之精神。科学发展观是坚持以人为本,全面、协调、可持续的发展观,以促进经济社会协调发展和人的全面发展。"以人为本"是科学发展观的本质和核心。在高度强调"以人为本"的时代,关注人的全面发展,实质就是尊重人的需要,人的权利。坚持将运动员的全面发展作为竞技体育人才培养的最高命题,就是要摆脱竞技体育长期以来自觉或不自觉地把运动员作为"工具"的局限性,把运动员的全面发展视为竞技体育"育人"的最终目标,不仅能充分挖掘运动员的内在潜能,攀登竞技体育的最高峰,还能促使运动员在和谐的竞技体育氛围内,健康、快乐、全面的成长。注重运动员的全面发展,当前最主要的任务是培养运动员"终身教育"的理念,让他们意识到在校学习只是教育的一部分,教育是伴人的一生的活动。培养"终身教育"理念要做到:一是强调运动员认识学习的重要性。二是重视运动员文化学习质量。在保证在役期运动员每周上课 12 学时时间内,要观照每一位运动员的学习效果,制定切实有效的考试机制,防止避免运动员在学习中出现出工不出力的现象。三是重视对运动员学习方法的培养。在学习上更多的是强调运动员学习习惯的养成,培养他们充分利用时间、学会借鉴、善于思考、勇于探索和及时总结的学习习惯。

6.2.1.2　注重运动项目布局,完善"体教融合"培养模式

体教融合的本质是让竞技体育回归到教育,以体育教育为立足点,以体质健康为切

入点,即解决运动员文化教育的现实问题,同时通过青少年、高水平运动员为引领,促进全体学生实现享受运动乐趣、增强体质、健全人格、锤炼意志的目的,实现青少年全面健康发展。"体教融合"的提出2年有余,教育部门、体育部门陆续推出相关政策文件,各地也有出台相关措施,后续需要逐步完善"新举国体制"理论,促进新的培养范式,形成具有中国特色的"体教融合"路径。建立好从小学、初中、高中、大学的竞技体行之有效的培养高水平运动员的一条龙培养体系;探索"学会、勤练、多赛"的一校一品方案。这一体系应包括运动员选拔、训练、文化教育、科技服务保障和生涯规划的进一步发展指导。各地方教育部门和体育部门要携手根据本省现有的优势和弱势项目从小学——大学进行统筹、调整、布局。普通高校高水平运动员招生设置中,要调整其项目布局,拓宽群众基础差的如跳水、体操、举重、水球等奥运项目。各体育院校的单独招生考试,应结合当地体育项目布局以及本校实际情况,适当考虑增加运动项目,让所有的优秀运动员都能通过免试、单招等招生形式进入到大学学习。完善"体教融合"切记理念是行动的先导,有什么样的理念就会有相应的行动方式,忽视观念层面的更新,仅有组织管理和政策法规并不能解决好问题。完善"体教融合"首先要树立"以人为本"的育人理念;要健全"体教融合"模式的新体制;要明晰"体教融合"模式运行的新机制;要拓展"体教结合"模式的新实践。

6.2.1.3 注重运动员生涯发展,为运动员进行生涯规划

对运动员负责一辈子,是对优秀运动员进行全面的文化教育,对其生涯进行长远的人生规划,让运动员掌握生存技能,为退役以后的就业做好各种准备。运动员不是终身职业,运动生涯究竟可以持续多长时间,如何利用运动生涯发展的"黄金期"创造更好的运动成绩,延长运动寿命;同时为退役后的职业转型创造更多的物质条件,让运动员在退役后,感恩于多年的运动训练促使运动员人生更加富有阅历和精彩,就必须要观照运动员的一生,为运动员运动生涯与职业发展进行长期规划。建议从以下几个方面进行:①政府要制定包括运动员就业咨询和支持、职业辅导、金融贷款的政策体系。②政府、社团、企业共同投入,为运动员运动生涯结束后的生活过渡提供社会保障服务。③运动员退役后的教育纳入运动员生涯规划的重点。④体育管理人员、教练员和运动员之间形成对运动员生涯规划的统一认识。

6.2.1.4 注重教练员能力的培养,科学指导运动训练

教练员是运动员运动生涯最关键的人物,他指导运动员的训练、管理运动员的学习、引导运动员人格的发展。因此,要重视教练员的认知能力、执教能力、团队意识等能力的

培养,促进教练员自信、关注细节、善于关怀他人等性格的塑造,提高教练员的工作效率。要重视科学指导运动训练,加强运动训练规律研究,切实提高运动训练效率和科学化程度,不能以消耗大量时间作为运动训练的保证,而是要注重质量和效率,提高科学训练水平,教练员的科技素养和训练科技保障是关键。同时,赛事安排要遵循教育规律,青少年赛事要尽可能安排在寒暑假和节假日。只有提高训练效率效益,减少训练时间,合理安排赛事,才能为运动员文化学习留出更多的时间,使运动训练和文化教育两者之间能形成一个平衡,从而缓解学训矛盾。

6.2.1.5 注重运动队文化建设,营造适合学习的教育环境

环境对人的影响是通过团队文化来实现的。运动队文化泛指运动队内部的一切活动及活动方式。运动队文化对运动队所有成员尤其是运动员具有现实影响和潜在影响。运动队不仅要靠制度规范来管理运动员,还需运动员具有维护制度的自觉意识和行动,运动队如果普遍认同"以人文本"的育人理念,就不会使运动员沦为金牌的"工具"。文化教育有其本身的内在要求,并不是简单的知识传授,知识与文化是部分与整体的关系。知识是文化的结晶,文化还包含着创造知识的源泉,在知识中往往看不到人及其作用,文化则永远将人及其创造性置于中心地位。完整而健全的教育不应当只是一种知识教育,而应当是一种包括知识在内的文化教育。运动员在运动队虽然较同龄者缺少正常上学的时间,知识体系学习虽不系统,但不应该缺少文化教育,运动员学习知识,不仅要学习形而下层面实证的知识,而且更要学习形而上层面的东西,包括科学的理想、信念、精神境界、价值观和人生观等;这些东西虽然无形,但却是科学文化中更为深刻、更为本质的东西。运动员文化教育也要让运动员感受整个人文文化的熏陶,在和谐、尊重人性的学习氛围和环境中,使运动员自觉或不自觉地感受到文化教育和人文素养,从而全方位地提高自身的素质。

6.2.1.6 注重竞技体育的"育人"作用,构建适合运动员特点的文化教育体系

体育即身体教育,通过身体活动而获得的教育,首先,被教育者肢体发达、身体强健;其次,体育活动促使被教育者完善人格,最后,通过活动中的竞赛与竞争促进人的自我超越、自觉创造、全面发展。这是体育的三层本质,也是竞技体育"育人"的层层体验。偶尔进行的体育活动只能短时期的带给人浅层次的愉悦和肢体肌肉的收缩使肢体强壮,竞技体育"育人"的最终目的是使人在体育活动中体会到超越自我、敢于挑战自我的精神,没有竞技体育的持续性,没有经历多次残酷的比赛竞争,就不能体验屡败屡战、屡战屡勇的竞技体育精神。运动员在谈到运动生涯对自己生涯发展的促进时,是因为在长期的竞技

体育活动中体验到体育的本质和体育"育人"的价值,体育"育人"的实质,也是对运动员进行文化教育。因此,建议在全面了解和研究运动员文化教育的基础上,构建适合运动员的心理需求、学习认知、遵循体育规律的文化教育体系,把体育"育人"也融入运动员文化教育体系当中。构建运动员的文化教育体育体系,应考虑两个问题:①考虑各项目特点的运动员文化学习问题。受运动项目规律的制约,不同运动项目的最佳竞技状态期出现的年龄都不相同,因此对待他们的文化学习也要根据学段年龄来划分。②把运动员的九年义务教育阶段作为运动员文化学习的重点。

6.2.2 展望

运动员生涯发展具有持续性、长期性的研究特点,对运动员生涯发展的研究较为适合多年、长期的跟踪研究。虽然本文在时间跨度上对运动员有着纵向的研究,但没有针对某一运动员个体的持续研究。在对运动员生涯发展的研究中,还存有较大的研究空间。未来还可以对在役运动员继续追踪,挖掘他们的学习方式和方法,讨论他们在就学期间的学习动向,以及将来退役后的学习情况。对角色转换期运动员继续关注,讨论运动员在选择不同学习专业后的学习情况,以及大学毕业后,根据他们的就业方向,讨论运动员的就学专业选择情况,为运动员将来选择专业提供参考。

所调查的19位运动员中,只有4位是男性,在关于男性运动员与女性运动员学习行为是否存在差异方面,并未进一步探究。另外,研究中所调查的学历较高的运动员几乎都是女性,女性运动员是否比男性运动员在退役后更愿意接受学历教育,也是研究者下一步愿意讨论的话题。

本研究虽然只讨论了四种运动项目的运动员学习行为,但各项目间运动员是否存在个体差异,在研究中也未表现出来。质的研究的优势在于对某一事件进行"深描",因此建议在后续研究中,具体研究一种运动项目的运动员在研究的广度、纵向上进行更加深入的探讨。

参考文献

[1]周文霞.职业生涯管理[M].上海:复旦大学出版社,2005.

[2]风笑天.社会学研究方法[M].北京:中国人民大学出版社,2001.

[3]郑杭生.社会学概论新修[M].3版.北京:中国人民大学出版社,1994.

[4]陈向明.质的研究方法与社会科学研究[M].北京:教育科学出版社,2000.

[5]陈向明.教师如何作质的研究[M].北京:教育科学出版社,2001.

[6]陈向明.旅居者和"外国人":留美中国学生跨文化人际交往研究[M].北京:教育科学
出版社,2004.

[7]王铭铭.人类学是什么[M].北京:北京大学出版社,2002.

[8]李江源.我是一个工农兵学员[M].福州:福建人民出版社,2006.

[9]塞缪尔·亨廷顿.文化的重要作用:价值观如何使人类进步[M].程克雄,译.北京:新
华出版社,2011.

[10]陈宁.全民健身概论[M].北京:高等教育出版社,2022.

[11]皮埃尔·布尔迪厄,J.C.帕斯隆.再生产:一种教育系统理论的要点[M].邢克超,
译.北京:商务印书馆,2002.

[12]斯蒂芬·P.罗宾斯,玛丽·库尔特.管理学[M].13版.刘刚,程熙镕,梁晗译.北京:
中国人民大学出版社,2017.

[13]王道俊,郭文安.教育学[M].北京:人民教育出版社,1999.

[14]联合国教科文组织国际教育发展委员会.学会生存:教育世界的今天和明天[M].北
京:教育科学出版社,1996.

[15]杜映梅.职业生涯管理[M].北京:中国发展出版社,2006.

[16]钟秉枢.成绩资本和地位获得[M].北京:北京体育大学出版社,2007.

[17]张力为.体育科学研究方法[M].北京:高等教育出版社,2002.

[18]沈登学.职业生涯设计学[M].成都:四川大学出版社,2003.

[19]姚裕群.职业生涯规划与发展[M].北京:首都经贸大学出版社,2003.

[20]伊里亚斯,梅里安.成人教育的哲学基础[M].高志敏,译.北京:职工教育出版社,1990.

[21]叶澜.教育科学研究方法论初探[M].上海:上海教育出版社,1999.

[22]约翰·杜威.民主主义与教育[M].王承绪,译.北京:人民教育出版社,2001.

[23]于海.西方社会思想史[M].上海:复旦出版社,2011.

[24]吴庆麟.教育心理学[M].上海:华东师范大学出版社,2003.

[25]边玉芳.教育心理学[M].杭州:浙江教育出版社,2009.

[26]褚洪启.杜威教育思想引论[M].长沙:湖南教育出版社,1998.

[27]王红生.二十世纪世界史[M].北京:北京大学出版社,2009.

[28]戴维.迈尔斯.社会心理学[M].11 版.侯玉波,乐国安,张志勇,译.北京:人民邮电出版社,2014.

[29]高志敏等.终身教育、终身学习与学习化社会[M].上海:华东师范大学出版社,2005.

[30]陈宁.高等体育院校办学模式的研究[M].成都:四川教育出版社,2005.

[31]胡晓风.大体育观[M].成都:四川教育出版社,1990.

[32]池建.美国大学竞技体育管理[M].北京:人民体育出版社,2005.

[33]威廉·富特·怀特.街角社会[M].黄育馥,译.北京:商务印书馆,2021.

[34]阿伦·古特曼.从仪式到记录:现代体育的本质[M].花勇民,钟小鑫,蔡芳乐,译.北京:北京体育大学出版社,2022.

[35]韦柳琴.论生命教育[J].高教探索.2007(2):126-128.

[36]中国科学技术学会.体育科学学科发展报告(运动训练学)2009—2010[M].北京:中国科学技术出版社,2010.

[37]中国体育科学学会.体育科学学科发展研究报告(2016—2019)[M].北京:人民体育出版社,2020.

[38]山口香.女性アスリートの特徴とセカンドキャリアに関する調査報告[R].平成22·23·24 年度科学研究費補助金成果報告,2013.

[39]吉田章.水球トップアスリートのキャリア意識~ブルボンWPC柏崎所属選手を事例として~[R].平成22·23·24 年度科学研究費補助金成果報告,2013.

[40]于海凤.职业生涯开发理论研究综述:基于个体与组织视角[J].教育观察,2012,1(3):1-4.

[41]杨国庆.论新时代"南体模式"新发展:关于高等体育院校体教融合实践的探索与思考[J].体育学研究,2020,34(4):1-10.

[42]刘波,王松,陈颇,等.当前体教融合的研究动态与未来展望[J].北京体育大学学报,2021,44(1):10-17.

[43]钟秉枢.体教融合背景下青少年体育赛事体系完善的路径研究[J].体育学研究,2020,34(5):13-20.

[44]柳鸣毅,龚海培,胡雅静,等.体教融合:时代使命·国际镜鉴·中国方案[J].武汉体育学院学报,2020,54(10):5-14.

[45]阳艺武,伍艺昭.体教融合背景下青少年体育后备人才培养的现实审视与战略取向[J].武汉体育学院学报,2021,55(1):80-86.

[46]王家宏,董宏.体育回归教育:体教融合的现实选择与必然归宿[J].北京体育大学学报,2021,44(1):18-27.

[47]李艳红.东乡族女教师生涯发展研究[D].兰州:西北师范大学,2007.

[48]应星.从"讨个说法"到"摆平理顺"[D].北京:中国社会科学院,2000.

[49]张金岭."法"眼看中国:文化想象中的"他者"研究[D].北京:中央民族大学,2007.

[50]郑秋贤."冲破坚冰":三位浸入式教师成长的故事[D].上海:华东师范大学,2003.

[51]朱光明.表扬与批评的意义:教育现象学的视角[D].北京:北京大学,2008.

[52]杨红.拉枯女童的教育选择:一项教育人类学的回访与再研究[D].北京:中央民族大学,2010.

[53]涂传飞.农村民俗体育文化的变迁:江西省南昌县涂村舞龙活动的启示[D].北京:北京体育大学,2009.

[54]郭修金.我国教练员与运动员社会共生关系的基本要素研究[J].成都体育学院学报,2011,37(7):37-41.

[55]何其霞.运动员与教练员关系研究[J].成都体育学院学报,2008(9):68-71.

[56]王进,高乃春,赵臣.我国"教练员—运动员关系"研究走势:一个理论的探寻[J].体育科学,2008(4):3-10.

附　录

附件1　致受访对象关于研究课题及访谈事项说明信

亲爱的运动员朋友：

这封说明信旨在让您明确我的研究项目和研究方法，以便在您接受我的访谈时，能够基本知悉我的访谈目的，以及我将如何把您所口述的内容用于我的研究。

运动员从事训练的最佳年龄时期，也是进入学校学习的最佳时期，运动员既要兼顾运动训练，又要坚持文化学习，肩负文化学习与运动训练的双重任务，当前，在我国特有的竞技体育体制下，运动员为了追求运动成绩的最优化，忽略了文化学习，成为文化基础不足的一个群体。

运动员的文化教育问题，一直是国内体育界研究的重大课题。已有研究集中于宏观层面，对于制度、体制的探讨非常热烈。这些探讨给我们提供了运动员文化教育研究的外部因素。但研究应从运动员主体出发，研究运动员本身需要的文化教育。运动员的成长和学习与一般在校的同龄学生是不同的，支撑着运动员长期坚持刻苦训练的动力是什么？运动员在运动队所处的环境有着其特殊性的一面，运动队的管理是如何组成的？运动员的训练是怎么样的？运动队的文化学习是如何进行的？运动员所追求的价值目标是如何形成的？运动队从小离开家，与教练、队友们朝夕相处，形成了什么样的人际关系？究竟是什么内外因素导致了运动员的文化学习不足？运动员带着文化学习不足的缺憾步入学校、步入社会，遇到了什么样的阻力和困难？文化学习的不足在运动员退役后是如何进行补充的？虽然缺失学校教育，运动员在运动队所获得的竞技体育精神，又是怎样影响退役运动员的职业发展的？这些方面的探讨还不足，值得我们进一步研究。

现代社会学的研究重点已经在从群体向个体转移,同时关注个体与社会结构之间的关系。社会是纷繁复杂的、人是独特多样的,所以基于很大的人群样本的量化研究结论,对于个体往往是模糊的,在对待个体能动性的指导,甚至是完全没有意义的。深度访谈是该研究中最关键的步骤之一,事实上也是一个双向受益的活动——在为研究者展开所有分析研究提供基础的同时,又为受访者提供了通过讲述而变得更加充满自信的机会。在确保匿名与您的隐私安全的基本权利下,通过1~2小时的访谈与讲述,您会得到如下体验:

1.对所获得的个人经历和感受有更加清晰的认识——正是这些赋予了您生命的意义。

2.更好地理解自己的运动员生命历程——从什么时候开始的,怎样走到今天的,运动员经历对您有什么样的意义。

3.在平静的分享讲述经历中,获得内在的欢愉、满足。

4.在对往事的回忆和挫折的梳理中,您会得到释然的轻松。

5.通过对运动员过往和今昔的理解,有助于您为自己的未来描绘更加清晰的远景。

6.他人会更恰切地明白和理解您。

您的经历必定是与众不同的,具有不可复制的独特魅力。我对您的运动员经历和退役后的事业奋斗充满浓厚的兴趣和无上的尊重,您的分享不仅是对我这项研究的支持,也是送给年轻一代和教育研究的一份厚礼。我对与您相谈的故事充满期待!

陈 宇

附件 2 访谈提纲

(1)请介绍您的基本情况。

(2)您是如何入选专业队的? 是什么因素促进您进入专业队的?

(3)运动队是什么样的一个环境? 训练和学习的氛围如何?

(4)运动成绩与您在运动队的待遇如何? 请举例。

(5)您是如何看待与教练员的关系的?

(6)教练对您的运动员生涯有何影响? 教练对您的文化学习方面有何影响?

(7)在运动队期间,您是如何进行运动训练和文化学习的?

(8)运动员生涯对您来说,意味着什么?

(9)文化教育的缺失,对您的工作、生活造成什么样的影响?

(10)退役后,您是如何进行文化学习的?

如果您觉得访谈提纲有什么问题,请您提出来,我将不胜感激,或者您还有什么想讲述的,我将洗耳恭听,再次感谢您的讲述!